汽车构造原理从入门到精通

（彩色图解 + 视频）

东莞市凌泰教学设备有限公司　组编
于海东　蔡晓兵　主编

机械工业出版社
CHINA MACHINE PRESS

本书围绕汽车维修从业者所关心的问题，用简明、清晰的文字，配以高清彩色大图，从汽车定义、分类、总体构造入手，详细介绍了汽车发动机、传动系统、行驶系统、转向系统、制动系统、空调系统、照明系统、被动安全系统、电动辅助系统、中控防盗系统、音响系统、巡航控制和自适应巡航控制系统的构造和原理。

本书采用大量的高清透视图、分解图来展示汽车基本构造和工作原理，诊断与维修部分则采用实操照片图，并加入必要的文字说明，通俗易懂，具有较强的实际指导价值。本书既可作为初级汽车维修从业者的入门指导读物，也可作为大中专院校汽车专业师生的参考资料。

图书在版编目（CIP）数据

汽车构造原理从入门到精通：彩色图解＋视频 / 于海东，蔡晓兵主编. —北京：机械工业出版社，2020（2024.11 重印）
ISBN 978-7-111-66354-6

Ⅰ. ①汽⋯ Ⅱ. ①于⋯ ②蔡⋯ Ⅲ. ①汽车—构造 Ⅳ. ① U463

中国版本图书馆 CIP 数据核字（2020）第 154127 号

机械工业出版社（北京市百万庄大街22号　邮政编码100037）
策划编辑：连景岩　张彩峰　责任编辑：连景岩　刘　煊
责任校对：樊钟英　　　　　　责任印制：邸　敏
中煤（北京）印务有限公司印刷
2024年11月第1版第8次印刷
184mm×260mm・14.75 印张・335 千字
标准书号：ISBN 978-7-111-66354-6
定价：78.00 元

电话服务　　　　　　　网络服务
客服电话：010-88361066　机 工 官 网：www.cmpbook.com
　　　　　010-88379833　机 工 官 博：weibo.com/cmp1952
　　　　　010-68326294　金 书 网：www.golden-book.com
封底无防伪标均为盗版　机工教育服务网：www.cmpedu.com

前言 PREFACE

进入21世纪后，我国汽车工业的市场规模、生产规模迅速扩大，全面融入世界汽车工业体系。目前，我国的汽车产销量已经跃居世界第一。为了帮助更多的大中专院校汽车专业学生以及刚刚接触汽车维修保养工作的初级技术工人熟悉汽车构造原理，我们特编写了本书。

本书采用高清大图及分解图来描述汽车构造和原理，具有内容直观、讲述全面、资料新颖等特点。同时本书采用互联网+形式，在书中适当位置插入二维码，读者可使用移动设备扫描二维码，观看汽车构造原理及汽车维修相关视频。

本书共分11章，用简明、清晰的文字，配以高清彩色大图，从汽车定义、分类、总体构造入手，详细介绍了汽车发动机、传动系统、行驶系统、转向系统、制动系统、空调系统、照明系统、被动安全系统、电动辅助系统、中控防盗系统、音响系统、巡航控制和自适应巡航控制系统的构造和原理。

本书可作为学习汽车技术的参考书和工具书，适合大中专院校汽车专业师生、汽车从业人员以及汽车驾驶员及爱好者阅读使用。

本书由东莞市凌泰教学设备有限公司组织编写，于海东、蔡晓兵任主编，参加编写的还有徐永金、陈文韬、邓冬梅、蔡志海等。

由于本书涉及内容广泛，加之编者水平有限，书中难免有不妥之处，恳请广大读者批评指正。

二维码清单

名　　称	名　　称
1. 汽车基本构成与整体布局	26. 车轮螺钉的拆装与更换
2. 卡罗拉发动机拆解	27. 轮胎的拆装与换位
3. 汽车发动机的分类与基本术语	28. 前悬架减振器与减振器弹簧的检查与更换
4. 汽车发动机的组成与原理	29. 后悬架减振器的检查与更换
5. 发动机曲柄连杆机构	30. 下摆臂检查与更换
6. 发动机配气机构	31. 汽车转向系统
7. 发动机供给系统	32. 汽车制动系统
8. 发动机喷油器的拆装	33. 制动片的检查与更换
9. 节气门体的拆装与清洗	34. 制动盘的检查与更换
10. 空气滤清器的清洁检查与更换	35. 制动助力器的拆卸与更换
11. 排气歧管与三元催化器的拆装	36. ABS 泵的拆卸与更换
12. 发动机冷却系统	37. 制动液的检查与加注
13. 冷却液的检查与更换	38. 汽车灯光与照明系统
14. 节温器的检查与更换	39. 远、近光灯泡的拆装
15. 发动机润滑系统	40. 倒车灯的检测
16. 发动机机油更换	41. 行车灯的测量与更换
17. 发动机点火与起动系统	42. 制动灯检测
18. 火花塞的检查与更换	43. 转向灯的检测与更换
19. 汽车底盘传动系统	44. 汽车刮水器系统
20. 手动变速器结构与原理	45. 刮水器的检查与更换
21. 变速器的拆解	46. 刮水器电动机的检测
22. 变速器的安装	47. 汽车防盗系统
23. 自动变速器的结构与原理	48. 汽车仪表信息系统
24. 自动变速器的拆卸和检测	49. 巡航控制系统
25. 汽车底盘行驶系统	

目录 CONTENTS

前　言
二维码清单

第1章　汽车布置形式与总体构造....1

1.1 汽车定义与分类 2
1.1.1 汽车定义 2
1.1.2 汽车分类 2

1.2 汽车总体构造 4
1.2.1 发动机 4
1.2.2 底盘 5
1.2.3 车身 5
1.2.4 电气设备 6

1.3 汽车布置形式 7
1.3.1 前置前驱（FF） 7
1.3.2 前置后驱（FR） 7
1.3.3 中置后驱（MR） 8
1.3.4 后置后驱（RR） 9
1.3.5 全轮驱动（AWD） 9

第2章　汽车发动机 11

2.1 发动机基本原理 12
2.1.1 发动机的分类 12
2.1.2 发动机基本术语 13
2.1.3 发动机工作原理 14

2.2 发动机气缸排列形式 17
2.2.1 直列式 18
2.2.2 V型 18
2.2.3 VR型 18
2.2.4 W型 18
2.2.5 水平对置式 19
2.2.6 转子发动机 20

2.3 曲柄连杆机构 20
2.3.1 总体构成 20
2.3.2 机体组 21
2.3.3 活塞连杆组 24
2.3.4 曲轴飞轮组 27
2.3.5 平衡机构 31

2.4 配气机构 32
2.4.1 配气机构总体构成 32
2.4.2 气门组 33
2.4.3 气门传动组 36
2.4.4 配气相位及可变正时 39

2.5 燃油供给与喷射系统 43
2.5.1 燃油供给与喷射系统总体构成 43
2.5.2 电子燃油喷射系统总体构成 ... 44
2.5.3 燃油供给系统零部件 44
2.5.4 电子燃油喷射系统零部件 49

2.6 进排气系统 54
2.6.1 进气系统总体构成 54
2.6.2 进气系统零部件 54
2.6.3 进气增压系统 56
2.6.4 排气系统总体构造 59
2.6.5 排气系统零部件 60

2.7 冷却系统 60
2.7.1 冷却系统总体构成 60
2.7.2 冷却系统主要零部件 61

2.8 润滑系统 65
2.8.1 润滑系统总体构成 65
2.8.2 润滑系统主要零部件 66
2.8.3 可调式润滑系统 68

2.9 点火系统 70
2.9.1 点火系统总体构成 70
2.9.2 点火系统主要零部件 72

2.10 起动系统 75
2.10.1 起动系统总体构成 75
2.10.2 起动系统主要零部件 76

第3章　汽车传动系统 81

3.1 汽车传动系统总体构成 82
3.2 离合器 82
  - 3.2.1 离合器的作用 82
  - 3.2.2 离合器的分类 83
  - 3.2.3 离合器的组成 85
  - 3.2.4 离合器的工作原理 86
3.3 手动变速器 88
  - 3.3.1 手动变速器的基本原理 89
  - 3.3.2 手动变速器的结构 89
3.4 自动变速器 95
  - 3.4.1 液力自动变速器 96
  - 3.4.2 无级变速器 107
  - 3.4.3 双离合器变速器 108
3.5 万向传动装置 113
  - 3.5.1 万向节 113
  - 3.5.2 传动轴 115
3.6 驱动桥 116
  - 3.6.1 驱动桥组成及分类 116
  - 3.6.2 主减速器 117
  - 3.6.3 差速器 117
  - 3.6.4 半轴 119
  - 3.6.5 桥壳 119

第4章　汽车行驶系统 121

4.1 汽车行驶系统总体构成 122
4.2 车身（车架） 122
  - 4.2.1 承载式车身 122
  - 4.2.2 非承载式车身 123
4.3 车桥和车轮 123
  - 4.3.1 车桥的分类 124
  - 4.3.2 车轮与轮胎 125
  - 4.3.3 车轮定位 127
4.4 悬架 129
  - 4.4.1 悬架的类型 129
  - 4.4.2 悬架主要零部件 132
  - 4.4.3 减振器 134
  - 4.4.4 电子控制悬架 135

第5章　汽车转向系统 139

5.1 汽车转向系统总体构成 140
5.2 转向器、转向操纵机构和转向传动机构 140
  - 5.2.1 转向器 140
  - 5.2.2 转向操纵机构 142
  - 5.2.3 转向传动机构 143
5.3 电子助力转向 146
  - 5.3.1 电子助力转向系统分类 146
  - 5.3.2 电子助力转向系统基本原理与主要部件 148
5.4 四轮转向 149
  - 5.4.1 基本原理 150
  - 5.4.2 全电动控制式四轮转向系统 150

第6章　汽车制动系统 153

6.1 汽车制动系统总体构成 154
6.2 制动器 155
  - 6.2.1 鼓式制动器 155
  - 6.2.2 盘式制动器 158
6.3 制动助力装置 162
6.4 制动控制系统 163
  - 6.4.1 防抱死制动系统（ABS） 163
  - 6.4.2 驱动防滑系统（ASR） 166
  - 6.4.3 电子稳定性程序（ESP） 168
6.5 电子驻车及自动驻车系统 169

目录

- 6.5.1 电子驻车及自动驻车系统的组成及基本原理 169
- 6.5.2 电子驻车及自动驻车系统功能工作过程 173

第 7 章　汽车空调系统 175

7.1 汽车空调系统总体构成 176
- 7.1.1 汽车空调的组成及功能 176
- 7.1.2 汽车自动空调与手动空调的区别 176
- 7.1.3 自动空调的组成及功能 176

7.2 汽车空调系统工作原理 177
- 7.2.1 制冷原理与结构 177
- 7.2.2 暖风原理与结构 178
- 7.2.3 通风原理与结构 179

7.3 汽车空调系统主要零部件 180
- 7.3.1 空调压缩机 180
- 7.3.2 电磁离合器 182
- 7.3.3 冷凝器与蒸发器 183
- 7.3.4 储液干燥器与膨胀阀 184
- 7.3.5 制冷剂与冷冻油 185
- 7.3.6 空调高压管、空调低压管、空调压力开关 185
- 7.3.7 传感器 186
- 7.3.8 伺服电动机 187

第 8 章　汽车照明系统 189

8.1 照明系统总体构成 190
- 8.1.1 前照灯 190
- 8.1.2 其他照明灯 193

8.2 LED 照明系统 193
- 8.2.1 普通 LED 前照灯 194
- 8.2.2 矩阵式 LED 前照灯 194

8.3 自适应照明系统 195

第 9 章　SRS 被动安全系统 199

9.1 SRS 被动安全系统总体构成 ... 200
- 9.1.1 SRS 被动安全系统组成与分类 200
- 9.1.2 SRS 被动安全系统工作原理 201

9.2 SRS 系统主要零部件 202
- 9.2.1 传感器 202
- 9.2.2 安全气囊组件 204
- 9.2.3 电子控制单元与 SRS 警告灯 205
- 9.2.4 线束插接器和保险机构 206

9.3 前部预碰撞安全系统 207

第 10 章　电动辅助系统 209

10.1 电动门窗系统 210
10.2 电动天窗系统 211
10.3 电动后视镜系统 212
10.4 电动座椅系统 212

第 11 章　其他电器系统 215

11.1 刮水器/洗涤器系统 216
11.2 中控门锁系统 218
11.3 防盗系统 220
11.4 组合仪表系统 221
11.5 音响系统 222
11.6 巡航控制系统 223
11.7 自适应巡航控制系统 225

第 1 章 汽车布置形式与总体构造

Chapter 1

- 1.1 汽车定义与分类　　2
- 1.2 汽车总体构造　　4
- 1.3 汽车布置形式　　7

1.1 汽车定义与分类

1.1.1 汽车定义

国标 GB/T 3730.1—2001《汽车和挂车类型的术语和定义》中对汽车进行了标准定义。汽车是指由动力驱动，具有 4 个或以上车轮的非轨道承载的车辆，主要用于载运人员和 / 或货物，以及特殊用途的车辆。

1.1.2 汽车分类

国标 GB/T 3730.1—2001《汽车和挂车类型的术语和定义》中汽车按照用途可分为乘用车和商用车，如图 1-1-1 所示。

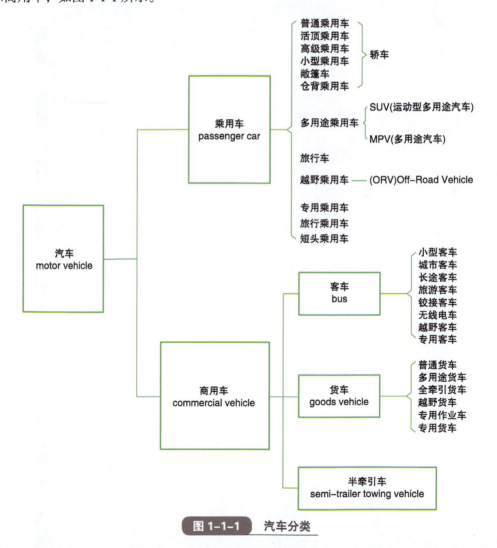

图 1-1-1　汽车分类

普通型乘用车、活顶乘用车、高级乘用车、小型乘用车、敞篷车和仓背乘用车俗称为轿车。它们的大部分特征相同，车身封闭或可开启、车顶硬顶或软顶、2排或单排座椅、2~5个座位、有2~6个侧门、2~6个侧窗。典型轿车外观图如图1-1-2所示。

多用途乘用车主要包含运动型多用途汽车（SUV）和多用途汽车（MPV）两种。SUV全称是 sport utility vehicle 或 suburban utility vehicle，即城郊实用汽车，也称为城市越野车。它具有优于轿车的通过能力，车身高大，离地间隙较高，驾驶舱和行李舱连通，乘坐空间大。目前，部分SUV车型后排座椅可完全放倒，与行李舱形成平整空间。SUV车型一般具有车顶行李架，可拓展载物空间。但SUV因车身高大、轮胎规格一般较大，造成行驶风阻较大，因此SUV车型油耗相对轿车而言没有优势。典型的SUV车型外观图如图1-1-3所示。

图1-1-2　典型的轿车外观图

图1-1-3　典型的SUV车型外观图

MPV是多用途汽车，从旅行汽车演变而来，集宽大的乘员空间、轿车的舒适性和厢式货车的载物性于一身，一般为两厢结构，布置有5~7个座椅，座椅布置灵活，因车身宽大，因此座椅可布置为多种形式，部分车型座椅具有可旋转、前后移动、折叠等功能，可拓展为会议室、餐厅等多种场所。MPV一般采用轿车底盘，具有接近轿车的舒适性。典型的MPV车型有丰田埃尔法（图1-1-4）、别克GL8、本田奥德赛等。

越野乘用车就是通常所说的越野车，是一种为户外越野而设计，可在崎岖地面使用的车辆。越野车的特点：非承载车身、四轮驱动、较高的底盘、更好抓地能力的轮胎、较高的进排气管等。越野车借助非承载式车身，优秀的四轮驱动系统、大功率发动机及特殊的越野功能（如坦克掉头、蠕动行驶），可在非铺装地面（崎岖山路、泥泞地面、沙地）行驶，深受户外运动爱好者的喜爱。典型的越野乘用车如图1-1-5所示。

图1-1-4　丰田埃尔法

图1-1-5　越野乘用车

旅行车是以轿车为基础，把轿车的行李箱加高到与车顶平齐，行李箱空间与乘员空间形成一个整体。它的优点在于既有轿车的舒适性，也有相当大的行李空间，外形相对沉稳。旅行车在欧洲深受欢迎，我国市场上相对较少，大众蔚揽旅行车如图 1-1-6 所示。

图 1-1-6　大众蔚揽旅行车

1.2 汽车总体构造

汽车总体结构主要由发动机、底盘、车身、电气设备四部分组成。汽车总体结构透视图如图 1-2-1 所示。

1.汽车基本构成与整体布局

图 1-2-1　汽车总体结构透视图

1.2.1　发动机

发动机是汽车的动力装置，其作用是使进入的燃料燃烧，并将燃烧产生的热能转变为机械能，发出动力通过底盘的传动系统驱动汽车行驶。现代汽车上广泛应用往复活塞式内燃机，它由曲柄连杆机构、配气机构、燃油供给与喷射系统、进排气系统、冷却系统、润滑系统、点火系统（仅用于汽油发动机）和起动系统组成。发动机结构如图1-2-2所示。

图 1-2-2　发动机结构

1.2.2　底盘

汽车底盘接收发动机产生的动力，并能按照驾驶员的意图正确行驶。底盘是汽车的基体，发动机、车身、电气设备及各种附属设备都直接或间接地安装在底盘上。汽车底盘包括传动系统、行驶系统、转向系统、制动系统。汽车底盘如图1-2-3所示。

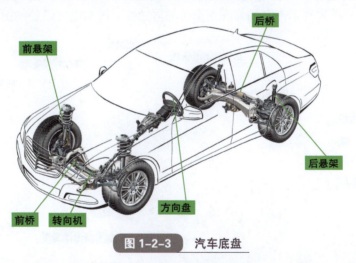

图 1-2-3　汽车底盘

1.2.3　车身

汽车车身是形成驾驶员和乘客乘坐空间的装置，也可以存放行李等物品。因此，要求车身既能为驾驶员提供方便的操作条件，又要为乘客提供舒适的乘坐环境。既要保护全体成员的安全，又要保证货物完好无损。换而言之，车身既是安全防护部件又是承载部件。

轿车车身是由本体、内外装饰、车身附件等组成的。汽车车身如图 1-2-4 所示。

图 1-2-4　汽车车身

1.2.4　电气设备

汽车电气设备是汽车的重要组成部分，它包括电源、电源保护分配装置（熔丝、继电器）、照明、音响、空调、仪表、报警，以及电动门窗/门锁等装置。电气设备可提高汽车驾驶的安全性和舒适性。一些高级轿车甚至采用了微机处理机、中央计算机系统以及各种人工智能装置，显著提高了汽车的驾驶安全性与舒适性。汽车电气设备如图 1-2-5 所示。

图 1-2-5　汽车电气设备

1.3 汽车布置形式

为满足不同的使用要求,汽车的总体构造和布置形式可以各不相同。根据发动机和各个总成的相对位置不同,现代汽车的布置形式通常有发动机前置前驱、发动机前置后驱、发动机中置后驱、发动机后置后驱、全轮驱动5种。

1.3.1 前置前驱(FF)

发动机前置前驱(如图1-3-1所示)是在轿车上盛行的布置形式,具有结构紧凑、减小轿车质量、降低底板高度、改善高速行驶时的操纵稳定性等特点。发动机可以横置也可以纵置,若采用横置,可以使主减速器的结构简单,但爬坡能力差,豪华轿车一般不采用。

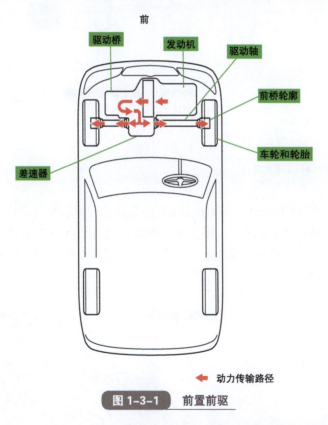

图1-3-1 前置前驱

1.3.2 前置后驱(FR)

前置后驱(如图1-3-2所示)是传统的布置形式,这种驱动方式传动路线较长,发动机只能采用纵向布置。大多数货车、部分轿车和部分客车采用该形式,其优势为起步加速能力强,四轮负荷平均,但缺点是在转向时容易出现转向过度,需要很好的驾驶技术或先进的电子设备辅助。

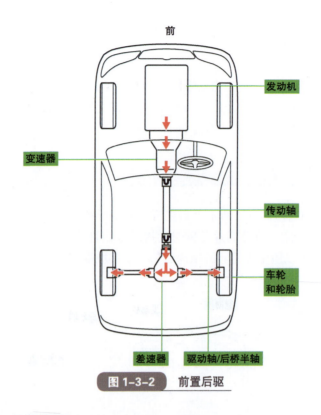

图 1-3-2　前置后驱

1.3.3　中置后驱（MR）

中置后驱（如图 1-3-3 所示）是目前大多数跑车及方程式赛车所采用的形式。由于此类汽车采用功率和尺寸很大的发动机，将发动机布置在驾驶员座椅之后和后轴之前，有利于获得最佳轴荷分配并提高汽车性能。此外，某些大中型客车也采用这种布置形式，把装备的卧式发动机装在底板下。

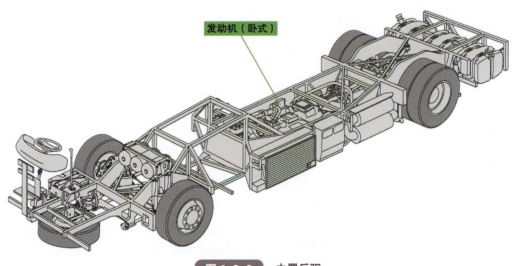

图 1-3-3　中置后驱

1.3.4 后置后驱(RR)

后置后驱(如图1-3-4所示)是目前大中型客车盛行的布置形式,这种驱动方式使传动系统结构紧凑、有利于车身内部布置、有效降低车内噪声等优点。少数高档轿车也采用这种形式。

图1-3-4　后置后驱

1.3.5 全轮驱动(AWD)

全轮驱动(如图1-3-5所示)是越野汽车特有的形式,此驱动方式中的所有车轮都是驱动车轮。全轮驱动汽车有多个驱动桥,通常发动机前置,在变速器后方装有分动器,以便将动力经几套万向传动装置分别输送到全部驱动桥,并可以进一步降速增矩。

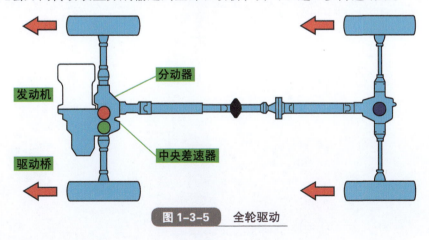

图1-3-5　全轮驱动

第 2 章 汽车发动机

Chapter 2

2.1	发动机基本原理	12
2.2	发动机气缸排列形式	17
2.3	曲柄连杆机构	20
2.4	配气机构	32
2.5	燃油供给与喷射系统	43
2.6	进排气系统	54
2.7	冷却系统	60
2.8	润滑系统	65
2.9	点火系统	70
2.10	起动系统	75

2.1 发动机基本原理

2.1.1 发动机的分类

目前汽车常用发动机按照所用燃料一般可分为汽油发动机、柴油发动机和燃气发动机。本书重点介绍前两种发动机。

1. 汽油发动机

汽油发动机所使用的燃料为汽油，汽油发动机的每个工作循环都经历进气、压缩、做功、排气四个行程。在进气行程中燃油喷射系统将汽油喷入气缸，与进入气缸的空气混合成可燃混合气。可燃混合气在压缩行程中被压缩，达到一定温度和压力时再使用火花塞点燃，使可燃混合气燃烧膨胀做功，将汽油的化学能转化为机械能，并通过传动系统驱动车辆行驶。汽油发动机如图2-1-1所示。

图2-1-1 汽油发动机

2. 柴油发动机

柴油发动机所使用的燃料为柴油，每个工作循环同样经历进气、压缩、做功、排气四个行程。与汽油发动机不同的是柴油发动机进气行程只吸入空气，在压缩行程中先加压空气，空气被压缩达到一定的温度、压力时，将柴油喷入气缸。压缩空气的温度足以点燃柴油，因此柴油发动机无需火花塞。柴油发动机如图2-1-2所示。

第 2 章　汽车发动机

图 2-1-2　柴油发动机

2.1.2　发动机基本术语

发动机基本术语，包括上 / 下止点、活塞行程、燃烧室容积、工作容积、气缸容积、工作循环、压缩比、工况。发动机基本术语示意图如图 2-1-3 所示。

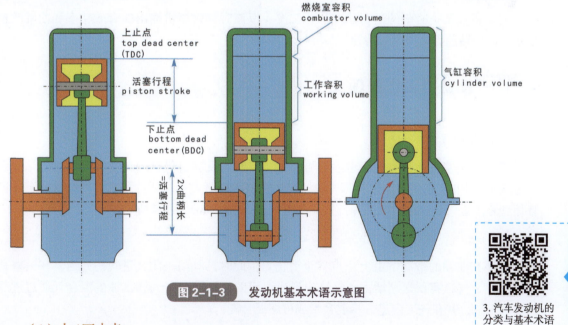

图 2-1-3　发动机基本术语示意图

3. 汽车发动机的分类与基本术语

（1）上 / 下止点

活塞顶离曲轴回转中心最远处为上止点。活塞顶离曲轴回转中心最近处为下止点。

13

（2）活塞行程

上下止点间的距离称为活塞行程。

（3）燃烧室容积（压缩容积）

活塞位于上止点时，活塞顶面以上气缸盖底面以下，所形成的空间称为燃烧室，其容积称为燃烧室容积，也叫压缩容积。

（4）工作容积

活塞从上止点移动到下止点所通过的空间容积称为工作容积。

（5）气缸容积

工作容积与燃烧室容积的总和为气缸容积。

（6）工作循环

在气缸内进行的每一次将燃料燃烧的热能转化为机械能的一系列连续的过程（进气、压缩、做功、排气），称为发动机的工作循环。

（7）压缩比

工作容积与燃烧室容积之比称为压缩比。压缩比的大小表示活塞由下止点运动到上止点时，气缸内的气体被压缩的程度。压缩比越大，压缩终了时气缸内的气体压力和温度就越高。

（8）工况

发动机在某一时刻的运行状况称为工况。以该时刻内燃机输出的有效功率和曲轴转速表示。曲轴转速即为内燃机转速。

2.1.3 发动机工作原理

1. 四冲程汽油发动机

汽油机是将汽油和空气混合后的可燃混合气吸入发动机气缸内（直喷汽油机也是吸入纯空气），用电火花强制点燃使其燃烧，产生热能而膨胀做功。四冲程汽油发动机的工作循环原理是由进气、压缩、做功和排气4个行程组成的，如图2-1-4所示。

（1）进气行程

活塞在曲轴的带动下由上止点移至下止点，此时排气门关闭，进气门开启。在活塞移动过程中，气缸容积逐渐增大，气缸内形成一定的真空度。空气和汽油的混合气通过进气门喷入气缸，并在气缸内进一步混合形成可燃混合气。

（2）压缩行程

进气行程结束后，曲轴继续带动活塞由下止点移至上止点，这时进气门和排气门均关闭。随着活塞的移动和气缸容积的不断缩小,气缸内的可燃混合气体被压缩,其压力和温度同时升高。

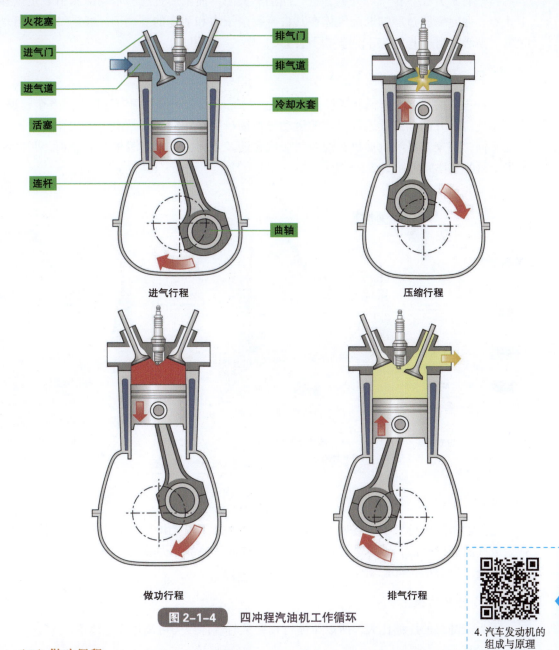

图 2-1-4　四冲程汽油机工作循环

（3）做功行程

压缩行程结束时,气缸盖上的火花塞产生电火花,将气缸内可燃混合气体点燃,火焰迅速传遍整个燃烧室,同时放出大量的热能。燃烧气体的体积急剧膨胀,压力和温度迅速升高,在气体压力的作用下,活塞由上止点移至下止点,并通过连杆推动曲轴旋转做功。这时,进气门和排气门仍关闭。

（4）排气行程

排气行程开始，排气门开启，进气门仍然关闭，曲轴通过连杆带动活塞由下止点移至上止点，此时膨胀过后的燃烧气体在其自身剩余压力和活塞的推动下，经排气门排出气缸之外。当活塞到达上止点时，排气行程结束，排气门关闭。

2. 四冲程柴油发动机

四冲程柴油机的工作循环同样包括进气、压缩、做功和排气四个行程。在各个行程中，进、排气门的开闭和曲柄连杆机构的运动与汽油机完全相同。只是由于柴油和汽油的使用性能不同，使柴油机和汽油机在混合气形成方法及点火方式上有着根本的差别。四冲程柴油发动机的工作原理如图 2-1-5 所示。

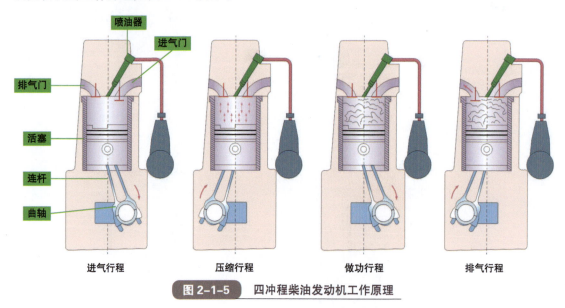

图 2-1-5　四冲程柴油发动机工作原理

（1）进气行程

在柴油机进气行程中，被吸入气缸的只是纯净的空气。由于柴油机进气系统阻力较小，残余废气的温度较低，因此进气行程结束时气缸内气体的压力较高，为 0.085～0.095MPa，温度较低，为 310～340K。

（2）压缩行程

因为柴油机的压缩比大，所以压缩行程终了时气体压力可高达 3～5MPa，温度可高达 750～1000K。

（3）做功行程

在压缩行程结束时，喷油泵将柴油泵入喷油器，并通过喷油器喷入燃烧室。因为喷油压力很高，喷油孔直径很小，所以喷出的柴油呈细雾状。细微的油滴在炽热的空气中迅速蒸发，并借助于空气的运动，迅速与空气混合形成可燃混合气。由于气缸内的温度远高于柴油的自燃点，因此柴油随即自行着火燃烧。燃烧气体的压力、温度迅速升高，体积急剧膨胀。在气体压力的作用下，活塞推动连杆，连杆推动曲轴旋转做功。在做功行程中，燃烧气体的最大压力可达 6～9MPa，最高温度可达 1800～2200K。做功行程结束时，压力为 0.2～0.5MPa，温度为 1000～1200K。

（4）排气行程

排气终了时气缸内残余废气的压力为 0.105～0.120MPa，温度为 700～900K。

3. 二冲程汽油发动机

二冲程内燃机的工作循环是在两个活塞行程，即曲轴旋转一周的时间内完成的。在四冲程内燃机中，常把排气过程和进气过程合称为换气过程。在二冲程内燃机中换气过程是指废气从气缸内被新气扫除并取代的过程。这两种内燃机工作循环的不同之处主要在于换气过程，如图 2-1-6 所示。

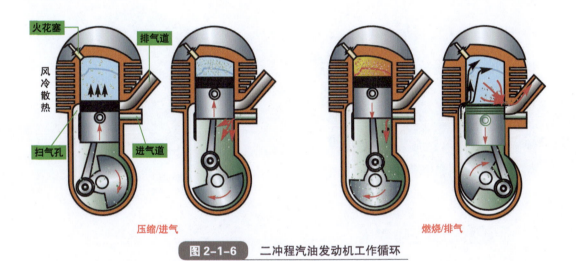

图 2-1-6　二冲程汽油发动机工作循环

第一行程（压缩/进气）：活塞向上运动，将三排孔（进气孔、排气孔、扫气孔）都关闭，活塞上部开始压缩。当活塞继续向上运动时，活塞下方打开了进气孔，可燃混合气进入曲轴箱内。

第二行程（燃烧/排气）：当活塞接近上止点时，火花塞产生火花点燃可燃混合气，混合气燃烧膨胀产生巨大的热能推动活塞向下运动。活塞继续向下运动，进气孔关闭，曲轴箱内的可燃混合气受到压缩，当活塞接近下止点时，排气孔打开，气体排出。

2.2　发动机气缸排列形式

气缸排列形式是指多缸发动机各个气缸的排列形式。常见的有直列式、V 型、VR 型、W 型和水平对置式、转子式（R）。

2.2.1 直列式

所有气缸呈直线排列并与曲轴垂直的称为直列式气缸排列（如图 2-2-1 所示），特点是设计简单，制造成本低，机体的宽度小而高度高、长度大，一般适用于 6 缸及以下的发动机，不适用于横向安装。直列式 6 缸发动机的平衡性好，发动机工作时产生的振动小。直列式发动机，一般缩写为 L，比如 L4 就代表着直列 4 缸的意思。

2.2.2 V 型

两列气缸排列成 V 形的称为 V 型气缸排列（如图 2-2-2 所示），采用这种气缸排列形式的发动机称为 V 型发动机，目前主要有 V6、V8、V10、V12 等。为了让发动机缩短，V 型发动机中的气缸布置成 60°～120° 的夹角，并使气缸的中心线与曲轴的中心线相交。

图 2-2-1　直列式气缸

图 2-2-2　V 型发动机气缸体

V 型发动机机体宽大，而长度和高度小，形状比较复杂，但机体的刚度大，质量和外观尺寸较小。它具有两个分离的气缸盖，因而需要更复杂的设计。

2.2.3 VR 型

为满足在中低档车辆上横向安装大功率发动机的需要，研发出 VR 发动机。六个互成 15° 角偏置布置的气缸，容纳在一个不太宽且较短的发动机缸体上。

此类发动机不同于早先投产的设计，只有一个气缸盖。这些优点使得高尔夫等车辆上能安装紧凑的 VR6 型气缸的发动机，VR 型发动机气缸布置如图 2-2-3 所示。

2.2.4 W 型

W 型发动机气缸排列形式可以看作糅合了两个"VR 气缸组"。单个气缸组内气缸之间的夹角为 15°，两个 VR 气缸组支架的夹角为 72°，W 型发动机气缸布置如图 2-2-4 所示。它的宽度大，使得发动机舱更满。W 型发动机最大的问题是发动机由一个整体被分割为两个部分，在运转时必然会引起很大的振动。针对这一问题，大众在 W 型发动机上设计了两个反向转动的平衡轴，让两个部分的振动在内部相互抵消。

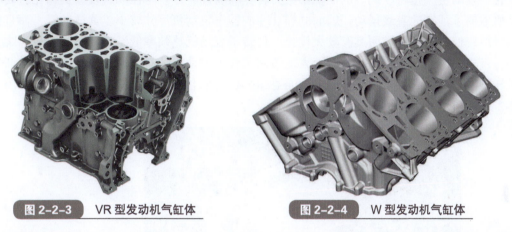

图 2-2-3　VR 型发动机气缸体　　　　图 2-2-4　W 型发动机气缸体

2.2.5　水平对置式

两列气缸水平相对排列，发动机的气缸夹角为 180°。水平对置的气缸布局是一种稳定对称结构，这使得发动机的运转平顺性比 V 型发动机更好，运行时的功率损耗也是最小，而且更低的重心和均衡的分配也为车辆带了更好的操控性。机体由左右两个气缸体用螺栓紧固在一起，如图 2-2-5 所示。但是水平对置发动机的制造成本和工艺难度相当高，所以目前世界上只有保时捷和斯巴鲁两个厂商在使用。

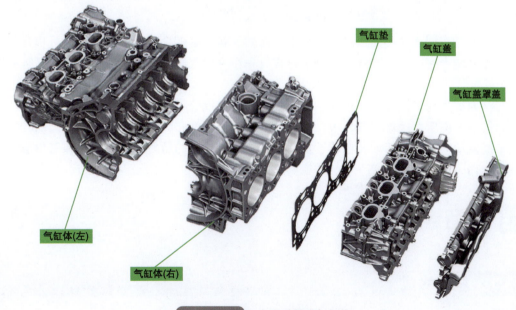

图 2-2-5　水平对置式气缸体

2.2.6 转子发动机

普通气缸发动机，活塞在气缸内做往复式运动；而转子发动机活塞在气缸内做旋转运动。转子发动机直接将可燃气的燃烧膨胀力转化为驱动转矩。与往复式发动机相比，转子发动机取消了活塞的直线运动，因而同样功率的转子发动机尺寸较小、重量较轻，而且振动和噪声较低，在这些方面具有较大优势。但转子发动机热效率低、油耗高、密封性难保证、自带烧机油属性和排放问题，极大地限制了转子发动机的实用性，大部分厂家逐渐停止了转子发动机的研发。目前也只有马自达 RX-8 汽车上还在采用。转子发动机剖视图如图 2-2-6 所示。

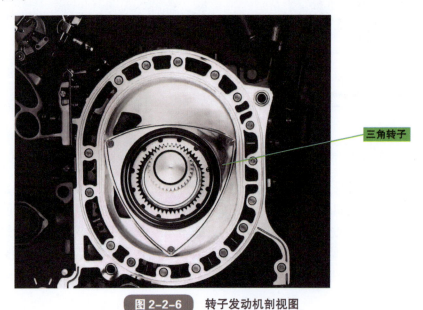

图 2-2-6　转子发动机剖视图

转子发动机同样也要完成进气、压缩、做功和排气这四个行程，但是每个行程是在各自的缸体区域中完成的。这就好像每个行程有一个专用气缸，活塞连续地从一个气缸移至下一个气缸。

与活塞式发动机一样，转子发动机也是利用可燃混合气燃烧产生的压力做功。在活塞式发动机中，该压力保存在气缸中，驱使活塞运动。连杆和曲轴将活塞的来回运动转换为为汽车提供动力的旋转运动。在转子发动机中，燃烧产生的压力保持在缸体和三角形转子（在该发动机中用来代替活塞）构成的密封室中。

2.3 曲柄连杆机构

2.3.1 总体构成

曲柄连杆机构安装在机体组中，是往复活塞式内燃机将热能转变为机械能的主要机构，其作用是把燃气作用在活塞顶面上的压力转变为曲轴对外输出的转矩。它主要由机体组、连杆组、曲轴飞轮组等组成。曲柄连杆机构的总体构造如图 2-3-1 所示。

图 2-3-1　曲柄连杆机构总体构造

2.3.2　机体组

　　机体组主要由气缸体、气缸盖（包含气缸盖罩盖、垫圈）、气缸垫、油底壳等组成。机体组是发动机的支架，是曲柄连杆机构、配气机构和发动机各系统主要零部件的装配基体。气缸盖用来封闭气缸顶部，并与活塞和气缸壁一起形成燃烧室。另外，气缸盖和基体内的水套和油道以及油底壳，又分别是冷却系统和润滑系统的组成部分。机体组组成如图 2-3-2 所示。

1. 气缸体

　　气缸体是发动机的主体，是安装活塞、曲轴及其他零件和附件的支撑骨架。气缸体上部为活塞在其中的往复运动做导向的圆柱形空腔称为气缸，下部为支承曲轴的上曲轴箱，有支承曲轴的主轴承座孔及供曲轴运动的空间。在气缸体侧壁上有主油道，前、后壁和中间隔板上也有油道，为运动件进行润滑；在气缸体的壁上还有冷却水道，以便将发动机多余的热量带走，保持发动机的工作温度。气缸体如图 2-3-3 所示。

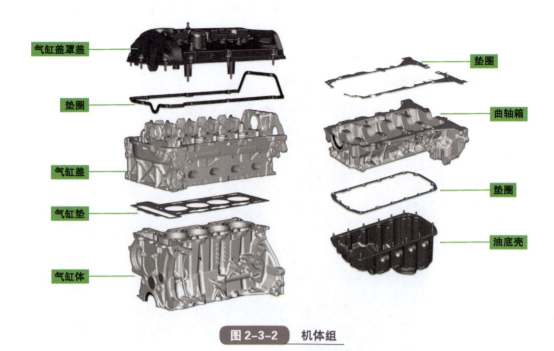

图 2-3-2　机体组

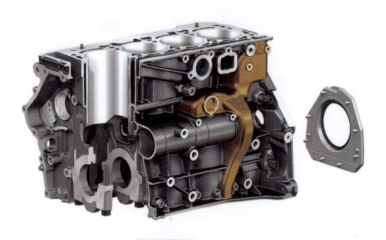

图 2-3-3　气缸体

发动机大修时需进行气缸体平面度（图 2-3-4）和气缸体磨损检查（图 2-3-5）。气缸磨损检查时应在气缸体上部距气缸上平面 10mm 处、气缸中部以及气缸下部距缸套下部 10mm 处，各取 3 点，按气缸体纵横两个方向测量气缸的直径。取同一平面不同方向的两个直径差值的一半，作为该平面的圆度误差，取计算出的 3 个不同平面的圆度误差值，以最大的值为该缸的圆度误差。如计算出的圆度误差超过规定值，则应进行修复。

2. 气缸盖

气缸盖安装在气缸体上方，用来封闭气缸顶部，并与活塞顶和气缸壁一起形成燃烧室，并作为凸轮轴、摇臂或挺柱及进、排气歧管的支撑。气缸盖内安装有冷却水道、润滑油道、气门组件，并设有喷油器（直喷发动机）、火花塞安装位置（汽油机）。气缸盖如图 2-3-6 所示。

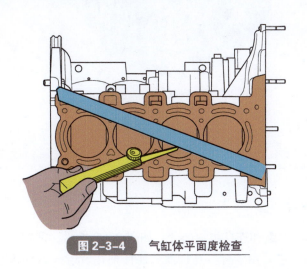

图 2-3-4　气缸体平面度检查

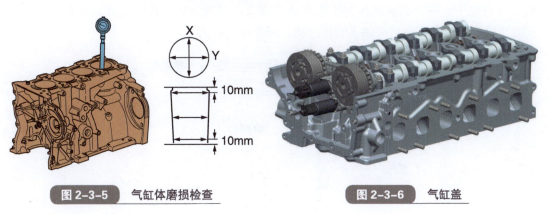

图 2-3-5　气缸体磨损检查　　　　　图 2-3-6　气缸盖

3. 气缸垫

气缸垫安装在气缸盖与气缸体之间，其作用是保证气缸盖与气缸体结合面间的密封，防止水道漏水、燃烧室漏气和机油道漏油。气缸垫有金属-石棉气缸垫、金属-复合材料气缸垫和纯金属气缸垫等多种，一般具有一定的弹性，可补偿结合面的平面度误差，发动机大修时需更换气缸垫。

4. 油底壳

油底壳安装在发动机的底部，结构如图 2-3-7 所示，其主要作用是储存机油和封闭机体或曲轴箱。油底壳上固定有机油尺导管，并安装有放油螺栓，部分发动机的油底壳上还安装有机油温度传感器。油底壳一般采用薄钢板冲压或铝合金铸造而成。油底壳也可以由上下两个部件组成。

图 2-3-7　油底壳

2.3.3　活塞连杆组

1. 活塞连杆组组成

活塞连杆组包括活塞组和连杆组两部分，如图 2-3-8 所示。活塞组主要由活塞、活塞销和活塞环组成；连杆组主要由连杆、连杆盖、连杆轴瓦、连杆螺栓和连杆衬套组成。在发动机做功行程中，燃料燃烧的压力作用在活塞顶上，通过活塞销传给连杆，推动连杆做往复运动，进而通过连杆推动曲轴做旋转运动，对外输出动力。

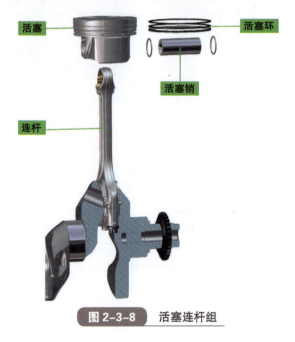

图 2-3-8　活塞连杆组

2. 活塞、活塞环和活塞销

（1）活塞

活塞的主要作用是承受气缸中的燃烧压力，并将此压力通过活塞销和连杆传递给曲轴。

此外，活塞还与气缸盖、气缸壁共同组成燃烧室。汽车发动机目前广泛采用的活塞材料是铝硅合金。铝合金活塞具有质量小、导热性好的优点；其缺点是热膨胀系数大，高温工作时，强度和硬度下降较快。车用柴油机因其活塞需受高热、高机械负荷，故也有采用合金铸铁和耐热钢为活塞材料的。

活塞由活塞顶、活塞头和活塞裙三部分组成，如图 2-3-9 所示。活塞头是燃烧室的组成部分，其形状与燃烧室形状有关，是活塞顶至最后一道油环槽下端面之间的部分。活塞油环槽以下的部分称为活塞裙，负责活塞在气缸内直线运动。

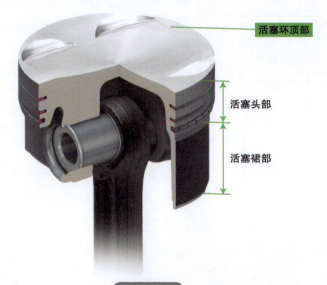

图 2-3-9　活塞

检测活塞。活塞上的积炭主要在活塞顶部，活塞顶部积炭可用刮刀清除。活塞的主要磨损部位是裙部，测量时用外径千分尺从距离下边缘约 10mm，与活塞销轴线错开 90° 处测量，如图 2-3-10 所示。

（2）活塞环

活塞环有气环和油环两种，如图 2-3-11 所示。气环又称压缩环，其作用是保证活塞与气缸壁之间的密封，防止高温高压的燃气窜入曲轴箱，同时将活塞头的热量传给气缸壁，由冷

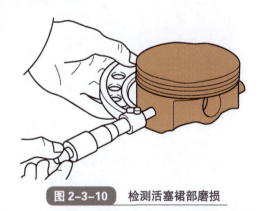

图 2-3-10　检测活塞裙部磨损

却液带走，防止活塞温度过高。油环的作用是刮除气缸壁上多余的机油，经活塞上的回油孔流回油底壳，并在气缸壁上布油，使气缸壁涂上一层均匀的机油膜，减少活塞与气缸壁的磨损。

发动机大修时需按照如图 2-3-12 所示方法检查活塞环与环槽的间隙；还需检查活塞环端隙，如图 2-3-13 所示将活塞环压入气缸至活塞环行程的底部，使用塞尺测量活塞环的端隙。

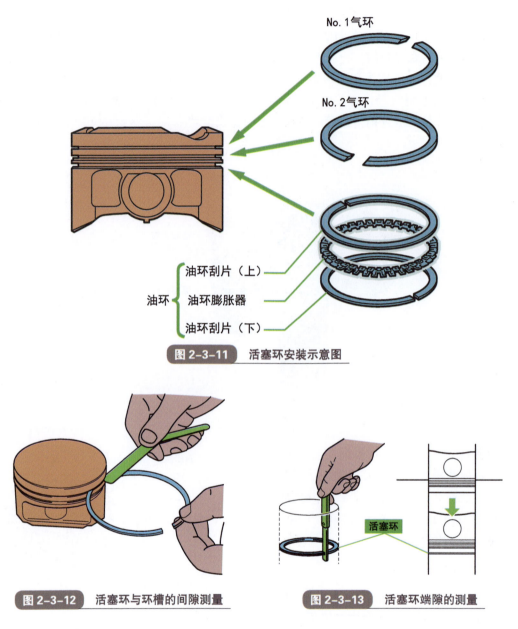

图 2-3-11　活塞环安装示意图

图 2-3-12　活塞环与环槽的间隙测量

图 2-3-13　活塞环端隙的测量

（3）活塞销

活塞销的作用是连接活塞和连杆小头，将活塞承受的气体压力传给连杆。活塞销要在高温下承受较大的冲击载荷，且润滑条件差，因此要求活塞销具有足够的强度、刚度和耐磨性，且质量要小，通常制成空心圆柱体。

活塞销与活塞销座孔和连杆小头衬套孔的连接配合方式有两种，即全浮式和半浮式。全浮式活塞销能在连杆小头衬套孔和活塞销座孔内做自由转动，可以保证活塞销沿圆周磨损均匀，因此应用较普遍。为防止活塞销轴向窜动而损坏气缸壁，在活塞销座两端装有弹性卡环来限位。

半浮式活塞销是用螺栓将活塞销夹紧在连杆小头孔内,这时活塞销只在活塞销孔内转动,在连杆小头孔内不转动。因而连杆小头孔内不装衬套,活塞销座孔内也不装挡圈。

3. 连杆和连杆轴瓦

连杆将活塞承受的力传递给曲轴,使活塞的往复运动转变为曲轴的旋转运动。连杆组由连杆小头、连杆身和连杆大头等组成,如图 2-3-14 所示。连杆小头安装活塞销以连接活塞,连杆大头通过连杆轴瓦与曲轴的连杆轴颈连接。连杆身一般制成"工"字形或"H"形,以便在满足刚度基础上减轻质量。

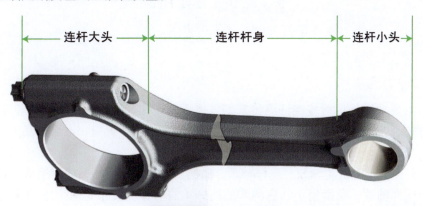

图 2-3-14　连杆及组成

检验连杆变形。连杆弯曲、扭曲的检验在连杆检测器上进行,如图 2-3-15 所示。检查连杆变形时,将连杆轴承装好,活塞销装入连杆小头,再将连杆大头固定在连杆检测器的定心轴上,然后把三点式量规的 V 形槽贴紧活塞销,用塞尺测量连杆检测器平面与量规指销之间的间隙。

校正连杆的弯曲、扭曲。对弯曲的连杆,可用压床或连杆校正器上的校弯工具压直。对扭曲的连杆,可夹在台虎钳上,用连杆校正器上的校扭工具校正。

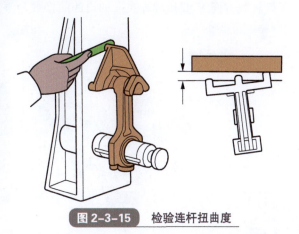

图 2-3-15　检验连杆扭曲度

2.3.4　曲轴飞轮组

曲轴飞轮组主要由曲轴、飞轮、正时带轮等组成,如图 2-3-16 所示。部分发动机曲轴飞轮组还带有平衡轴。曲轴飞轮组的作用是将连杆传递的活塞往复运动转变为曲轴的旋转运动,为汽车行驶和其他需要动力的机构输出转矩。同时,曲轴飞轮组还负责存储能量,以克服发动机非做功行程的运动阻力,使发动机平稳运行。

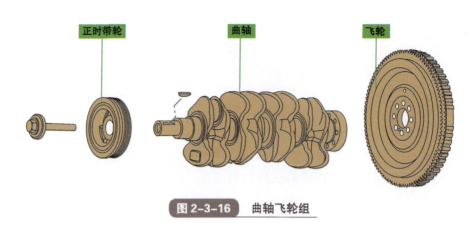

图 2-3-16 曲轴飞轮组

1. 曲轴

（1）曲轴的组成

曲轴的主要功用是将活塞连杆组传来的气体压力变为转矩，然后通过飞轮输出。另外还用来驱动发动机的配气机构以及其他辅助装置（如发电机、风扇、水泵、动力转向泵/空调压缩机等）。

曲轴主要由前端轴、主轴颈、连杆轴颈、曲柄、平衡块和后端凸缘等组成，如图 2-3-17 所示。一个连杆轴颈（曲柄销）和它两端的曲柄（曲柄臂）及相邻两个主轴颈构成一个曲拐。曲拐的数目取决于发动机的气缸数目及其排列方式，例如，直列式发动机的曲拐数等于气缸数，而 V 型和对置式发动机的曲拐数为气缸数的一半。

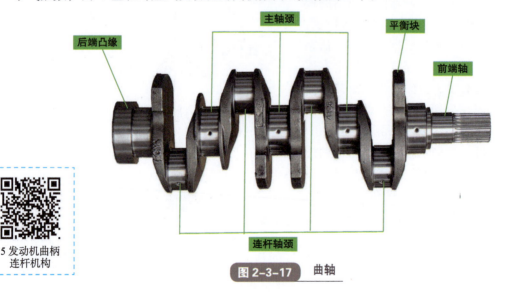

图 2-3-17 曲轴

5 发动机曲柄连杆机构

（2）曲轴的布置与多缸发动机的工作顺序

曲轴的形状和各曲拐的相对位置取决于气缸数、气缸排列形式和发动机的工作顺序。在选择各缸的工作顺序时，应力求各缸的做功间隔均匀，即发动机每完成一个工作循环，各缸都应发火做功一次。对于缸数为 i 的四冲程发动机，其发火间隔角为 $720°/i$；连续做功的两缸相距要尽可能远，以减轻主轴承负荷和避免进气行程中发生"抢气"现象；V 型发动机左右两列应交替发火。常见多缸发动机的曲拐布置和发火顺序如下所述。

1）四冲程直列四缸发动机曲拐布置和发火顺序。四冲程直列四缸发动机的发火间隔角为 720°/4= 180°，四个曲拐在同一平面内（参见图 2-3-17）。发动机气缸的工作顺序为 1-3-4-2 或 1-2-4-3。其工作循环如表 2-3-1 所示。

表 2-3-1 四冲程直列四缸发动机工作循环表（气缸工作顺序：1-3-4-2）

曲拐转角 /（°）	第 1 缸	第 2 缸	第 3 缸	第 4 缸
0～180	做功	排气	压缩	进气
180～360	排气	进气	做功	压缩
360～540	进气	压缩	排气	做功
540～720	压缩	做功	进气	排气

2）四冲程直列六缸发动机曲拐布置和发火顺序。四冲程直列六缸发动机的发火间隔角为 720°/6= 120°，6 个曲拐互成 120°，如图 2-3-18 所示。发动机的工作顺序为 1-5-3-6-2-4 或 1-4-2-6-3-5，前者应用较为普遍，其工作循环如表 2-3-2 所示。

图 2-3-18 直列六缸发动机曲轴

表 2-3-2 四冲程直列六缸发动机工作循环表（工作顺序：1-5-3-6-2-4）

曲轴转角 /（°）		第 1 缸	第 2 缸	第 3 缸	第 4 缸	第 5 缸	第 6 缸
0～180	0～60	做功	排气	进气	做功	压缩	进气
	60～120						
	120～180			压缩	排气		
180～360	180～240	排气	进气			做功	压缩
	240～300						
	300～360			做功	进气		
360～540	360～420	进气	压缩			排气	做功
	420～480						
	480～540			排气	压缩		
540-720	540～600	压缩	做功			进气	排气
	600～660						
	660～720		排气	进气	做功		压缩

3）四冲程 V 型六缸发动机的曲拐位置和发火顺序。V 型六缸发动机的做功间隔角仍为 120°，3 个曲拐互成 120°，右列气缸用 R 表示，由前向后气缸号分别为 R1，R2、R3；左列气缸用 L 表示，气缸号分别为 L1、L2 和 L3。其工作循环如表 2-3-3 所示。

表 2-3-3　V 型六缸发动机顺序

曲轴转角/(°)		R1	R2	R3	L1	L2	L3
0~180	0~60	做功	排气	进气	做功	进气	压缩
	60~120	做功	排气	进气	做功	进气	压缩
	120~180	做功	排气	压缩	排气	进气	压缩
180~360	180~240	排气	进气	压缩	排气	压缩	做功
	240~300	排气	进气	压缩	排气	压缩	做功
	300~360	排气	进气	做功	进气	压缩	做功
360~540	360~420	进气	压缩	做功	进气	做功	排气
	420~480	进气	压缩	做功	进气	做功	排气
	480~540	进气	压缩	排气	压缩	做功	排气
540~720	540~600	压缩	做功	排气	压缩	排气	进气
	600~660	压缩	做功	进气	做功	排气	进气
	660~720	压缩	排气	进气	做功	排气	压缩

检测曲轴轴颈。用外径千分尺先在油孔两侧测量，然后旋转 90°再测量。同一截面最大直径与最小直径之差的 1/2 为圆度误差；轴颈各部位测得的最大与最小直径差的 1/2 为圆柱度误差。圆度、圆柱度误差大于 0.020mm 时，应按修理尺寸磨修。轴颈直径达到其使用极限时应更换曲轴。

2. 飞轮

飞轮是一个转动惯量很大的圆盘，其作用是储存做功行程的一部分能量，以克服各辅助行程的阻力，使曲轴均匀旋转，使发动机具有克服短时超载的能力。现代发动机一般采用双质量飞轮，如图 2-3-19 所示。双质量飞轮将传动飞轮的质量块分为初级飞轮质量和次级飞轮质量。初级飞轮质量与曲轴连接，继续补偿发动机的惯量；次级飞轮质量与变速器相连，负责提高变速器的惯量。

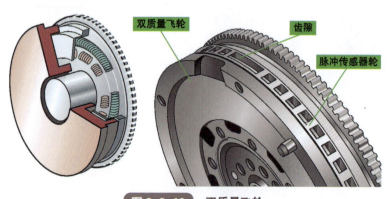

图 2-3-19　双质量飞轮

检查飞轮。 飞轮主要损伤有工作面磨损、齿圈磨损或折断。如工作面沟槽深度大于0.5mm，应进行磨削切；更换飞轮时必须刻上正时标记并进行动平衡。注意飞轮、曲轴磨削后要重新进行曲轴动平衡试验。

3. 扭转减振器

在发动机的工作过程中，连杆只有在做功行程产生作用在曲轴上的力，因此这个作用力是呈周期性变化的，从而会造成曲轴的扭转振动。为了消除曲轴的扭转振动，在曲轴的前端安装了扭转减振器，扭转减振器通常与曲轴前端带轮组合在一起。

2.3.5 平衡机构

平衡机构由平衡轴和平衡重两部分组成，在曲轴的曲柄臂上设置的平衡重用来平衡旋转惯性力及其力矩，使发动机运转平稳，并减小曲轴主轴承的负荷。而往复惯性力和其力矩的平衡则需要专门的平衡机构——平衡轴，以减少发动机的振动，降低发动机磨损。

1. 平衡重

四缸、六缸等直列发动机，其旋转惯性力和旋转惯性力矩是外部平衡的，但内部不平衡，曲轴仍承受内弯矩的作用，给曲轴造成了弯曲载荷。因此，通常在曲柄的相反方向设置平衡重，使其产生的力矩与惯性力矩相平衡。

平衡重可以与曲轴制成一体，也可以单独制成后再用螺栓固定在曲轴上，称为装配式平衡重。在曲轴进行动平衡试验时，对不平衡的曲轴常在其偏重的一侧钻去部分质量。

2. 平衡轴

V型发动机平衡轴一般安装在缸体的V形夹角内，如图 2-3-20 所示，直列发动机的平衡轴一般安装在曲轴的下方，如图 2-3-21 所示，用辅助链轮驱动，平衡轴与曲轴转速相同，旋转方向与曲轴相反。平衡轴有单平衡轴和双平衡轴两种。

图 2-3-20　V型发动机平衡轴

图 2-3-21　直列发动机平衡轴

单平衡轴采用单一平衡轴,利用齿轮传动方式进行工作,通过曲轴旋转带动固连的平衡轴驱动齿轮、平衡轴从动齿轮以及平衡轴。单平衡轴可以平衡占整个振动比例相当大的一阶振动,使发动机的振动得到明显改善,在单缸和小排量发动机中应用较为广泛。

双平衡轴则采用链传动或齿轮传动方式带动两根平衡轴转动,如图2-3-22所示。其中一根平衡轴与发动机的转速相同,可以消除发动机的一阶振动;另一根平衡轴的转速是发动机转速的2倍,可以消除发动机的二阶振动,从而达到更加理想的减振效果,在大排量汽车上较为常用。

图2-3-22 双平衡轴的驱动方式

2.4 配气机构

2.4.1 配气机构总体构成

配气机构主要由气门组和气门传动组组成。配气机构是发动机进气和排气的控制机构,汽车发动机一般采用气门式配气机构。配气机构按照发动机的工作顺序和工况要求,准时打开和关闭各气缸的进、排气门,使新鲜的可燃混合气或空气能充分地进入气缸,做功后产生的废气能及时、彻底地排出。当进、排气门关闭时,能保证气缸密封。配气机构组成如图2-4-1所示。

双顶置凸轮轴系统的凸轮轴有两根,一根专门控制进气门,另一根则专门控制排气门,这样可以增大进气门面积,改善燃烧室形状,而且提高了气门运动速度,非常适合高速汽车使用。

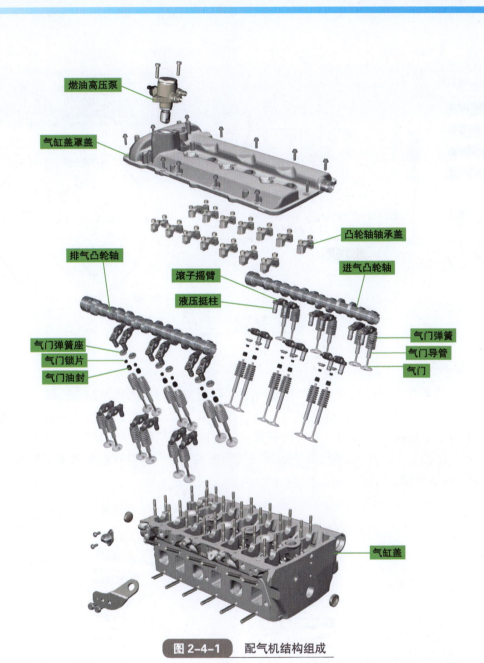

图 2-4-1　配气机结构组成

2.4.2　气门组

气门组的作用是实现气缸的密封。气门组包括气门、气门座、气门导管和气门弹簧等主要零部件，如图 2-4-2 所示。

1. 气门

气门的功用是与气门座相配合，对气缸进行密封。气门由头部和杆部两部分组成。头部用来密封气缸的进、排气通道，杆部用来为气门的运动提供导向作用。气门头部形状有平顶、凹顶（喇叭形）、凸顶（球形）。使用最多的是平顶气门。

6. 发动机配气机构

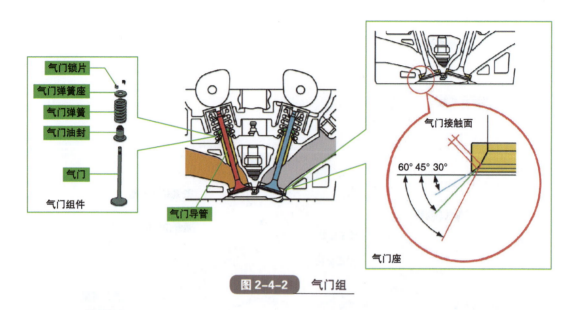

图 2-4-2　气门组

2. 气门弹簧

气门弹簧的功用是保证气门及时落座并与气门座或气门座圈紧密贴合，同时也可防止气门在发动机振动时因跳动而破坏密封。气门弹簧多为螺旋弹簧，向气门关闭方向施加张力。大多数发动机每个气门用一个气门弹簧，但有的发动机每个气门用两个弹簧（同心安装内外两个弹簧），为防止发动机高速运转时气门振动，常用不等螺距弹簧或双弹簧。气门弹簧如图 2-4-3 所示。

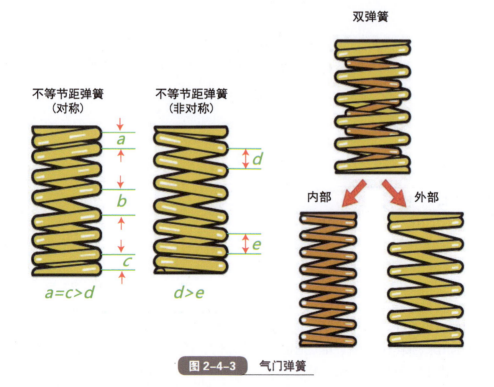

图 2-4-3　气门弹簧

3. 气门座

气缸盖上进、排气道与气门锥面相结合的部位称为气门座。气门座是压嵌入气缸盖中的。当气门关闭时，气门工作面与气门座紧密地接触，使燃烧室保持气密。气门座也将热量从气门传递到气缸盖，使其冷却。通常气门座加工成45°的锥面，以便与气门工作面配合。气门座接触面宽度一般为1.0～1.4mm。气门座及间隙如图2-4-4所示。

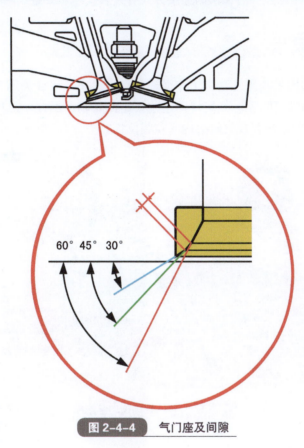

图2-4-4　气门座及间隙

4. 气门导管

气门导管的功用是为气门的运动提供导向作用，保证气门做直线往复运动，使气门与气门座能正确贴合。气门杆与气门导管之间一般留有0.05～0.12mm的间隙，使气门杆能在导管中自由运动。气门导管依靠配气机构工作时飞溅起来的机油润滑。气门导管安装位置及润滑方式如图2-4-5所示。

检查气门导管磨损。气门导管的磨损情况可通过测量气门导管与气门杆配合间隙间接检查，发动机分解清洗后，直接测量气门导管内径和气门杆直径，两者之差即为气门杆与气门导管的配合间隙。气门导管与气门杆配合间隙若超过允许

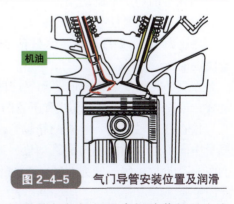

图2-4-5　气门导管安装位置及润滑

极限时，可换用一个新气门重新进行检查，根据测量结果确定是否需要更换气门或气门导管，必要时两者一起更换。

5. 气门锁块（气门开口销）

气门锁块（气门开口销）安装在气门杆头下方的气门锁夹槽中，用来连接气门弹簧和气门，确保气门不会跌落。气门锁块的连接方式有夹紧式和非夹紧式两种。

2.4.3 气门传动组

气门传动组的功用是按照发动机工作循环和点火次序开启或关闭气门，并保证气门有足够的开度和适当的气门间隙。气门传动组主要由凸轮轴、挺柱、推杆（下置式）和摇臂等组成。气门传动组的组成及在气缸盖内的安装位置如图2-4-6所示。

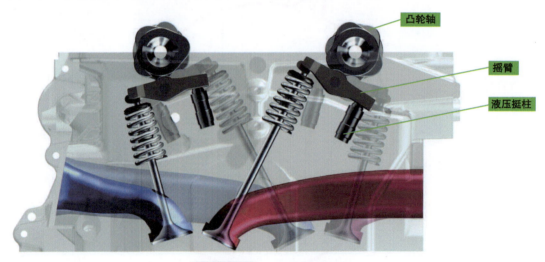

图 2-4-6　气门传动组组成

1. 凸轮轴

凸轮轴的功用是驱动及控制各气缸进、排气门的开启与闭合。凸轮轴控制换气过程和燃烧过程，其主要任务是开启和关闭进气门及排气门。凸轮轴由曲轴驱动，其转速与曲轴转速之比为1:2，即凸轮轴转速只有曲轴转速的一半。凸轮轴上凸轮形状，即凸轮横截面轮廓决定了气门行程。

根据凸轮轴安装位置或驱动气门的方式不同，气门传动组可以分为顶置凸轮轴直接驱动式、顶置凸轮轴摇臂驱动式和下置凸轮轴推杆驱动式三种，如图2-4-7所示。

检查凸轮轴弯曲。检查凸轮轴弯曲变形可用其两端轴颈外圈或两端的中心孔当基准，测量中间一道轴颈的径向圆跳动量，如图2-4-8所示。凸轮轴径向圆跳动量一般为0.01～0.03mm，允许极限一般为0.05～0.10mm。若超过极限值，可对凸轮轴进行冷压校正，必要时应更换。

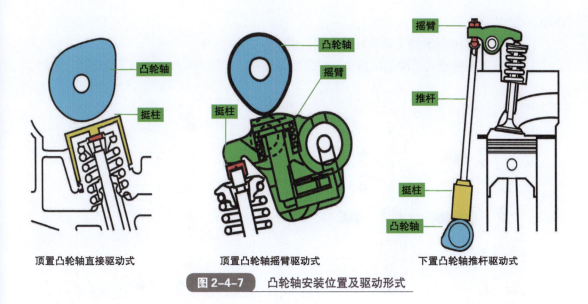

图 2-4-7　凸轮轴安装位置及驱动形式

2. 液压挺柱

挺柱的作用是把凸轮传来的作用力传给推杆或气门。挺柱分为机械挺柱和液压挺柱（也称气门间隙调节器），现代发动机大部分采用液压挺柱，如图 2-4-9 所示。液压挺柱可以确保发动机在所有运行条件下气门间隙始终为零，即使发动机长时间运行后也无需进行气门间隙调节。

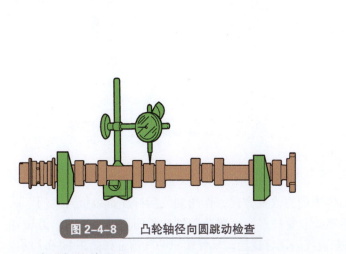

图 2-4-8　凸轮轴径向圆跳动检查

图 2-4-9　液压挺柱

液压挺柱检查

1）用手指按压柱塞的阻力情况，如果柱塞可以被压下，请用专用工具给液压挺柱重新注油。

2）如图 2-4-10 所示使用销子按下球阀。销子直径：15mm。

3）将液压挺柱浸入干净的机油中，反复按压柱塞，如图 2-4-11，直至无气泡排出挺柱。

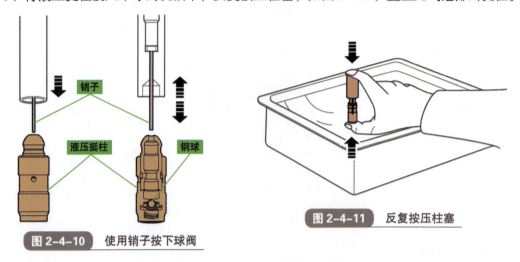

图 2-4-10　使用销子按下球阀

图 2-4-11　反复按压柱塞

4）如图 2-4-12 所示，用手指按压柱塞检查柱塞的阻力情况。

5）如果再尝试三次以后，柱塞可被压下（图 2-4-13），请更换新的摇臂挺柱组件。

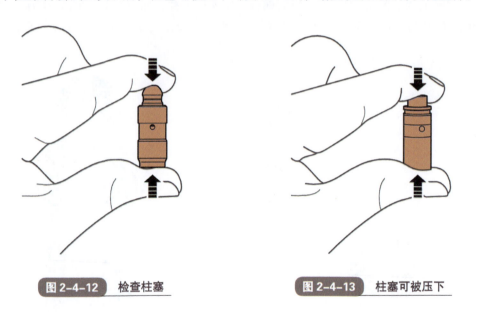

图 2-4-12　检查柱塞

图 2-4-13　柱塞可被压下

3. 摇臂

摇臂的作用是将推杆或凸轮轴传来的力改变方向，作用到气门杆尾部以推开气门。摇臂实际上是一个中间带有圆孔的不等长双臂杠杆。下置凸轮轴式气门驱动机构的摇臂短臂端与推杆相连，并有螺栓孔，用来安装气门调整螺栓，长臂端驱动气门，如图 2-4-14a 所示。目前常用的滚子凸轮摇臂如图 2-4-14b 所示，摇臂的一端支撑在液压挺柱上，另一端靠在气门上，凸轮轴的凸轮从上面压向摇臂中间的滚轮上。

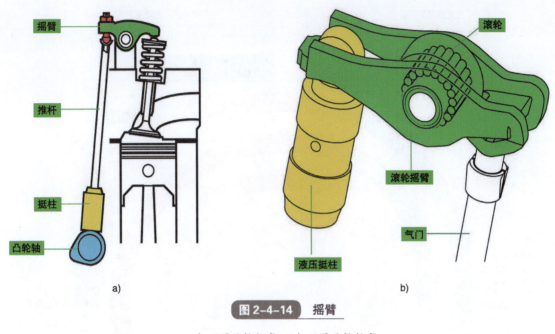

图 2-4-14 摇臂

a)下置凸轮轴式 b)顶置凸轮轴式

2.4.4 配气相位及可变正时

1. 配气相位

理论上发动机的进气门应在活塞处于上止点时开启，到下止点时关闭；排气门则应在活塞处于下止点时开启，到上止点时关闭。但是，实际发动机的曲轴转速都很高，活塞的每一行程历时都极短，往往会使发动机充气不足或排气不干净，造成发动机功率下降。因此，汽车发动机采取延长进、排气时间的方法改善进、排气情况，即气门开启和关闭的时刻分别提前或延迟一定的曲轴转角。

用曲轴转角表示的进、排气门开闭时刻和开启持续时间称为配气相位，又称气门正时。用曲轴转角的环形图表示的配气相位称为配气相位图，如图 2-4-15 所示。

2. 可变正时

传统发动机由最常用转速确定最佳配气相位，且固定不变，气门升程由凸轮形状决定，也固定不变。传统发动机的配气相位不是根据发动机的工作状况不同而改变。

实际上发动机在高转速时，吸气和排气的时间是非常短的，要想达到高的充气效率，就必须延长气缸的吸气和排气时间，也就是要求增大气门的重叠角；而发动机在低转速时，过大的气门重叠角则容易使得废气倒灌，吸气量反而会下降，从而导致发动机怠速不稳，低速转矩偏低。

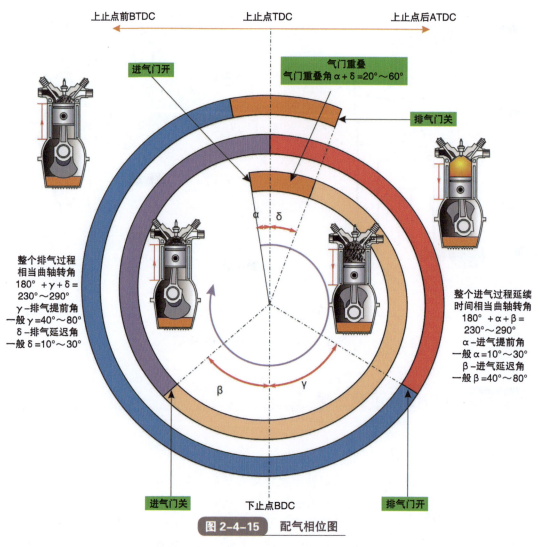

图 2-4-15　配气相位图

可变配气相位可以根据发动机转速和工况的不同而进行调节,使得发动机在高速和低速下都能获得理想的进气、排气效率。

(1) 链条张紧式凸轮轴正时调节

链条张紧式凸轮轴正时调节机构,通过改变凸轮轴链条的张紧度从而改变配气正时。该机构只能对凸轮轴进行调节。该机构由凸轮轴调节阀、调节活塞、链条张紧器滑块、止动销等组成,如图 2-4-16 所示。

1) 功率调节（如图 2-4-17 所示）。发动机关闭和起动时没有机油压力或机油压力低,调节活塞一直处于被锁止状态,该位置称为基本位置/滞后位置。此时进气门延时关闭,由于气流速度和转速较高,虽然活塞已经再次向上运动,但可燃混合气仍然继续涌入气缸,充气效率更好,发动机工作在大功率工况。

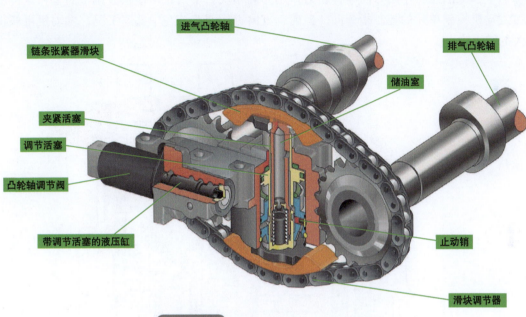

图 2-4-16　链条张紧式凸轮轴正时调节

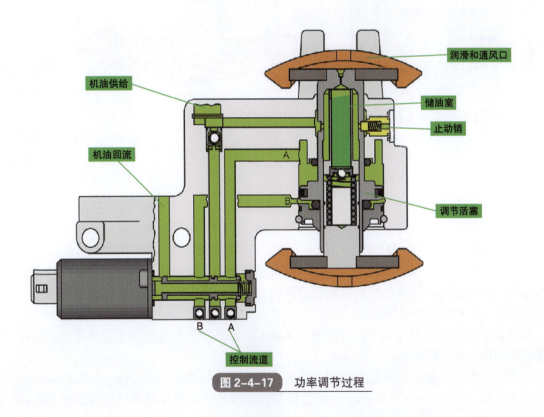

图 2-4-17　功率调节过程

2）转矩调节（如图2-4-18所示）。当机油压力达到一定值时，机油压力就作用到锁止螺栓面上，机油压力作用方向与弹簧力作用方向相反。于是止动销松开调节活塞，这样就可按发动机控制单元的控制指令向"提前"方向进行调节。在中低速工况，发动机可获得最大的转矩输出。

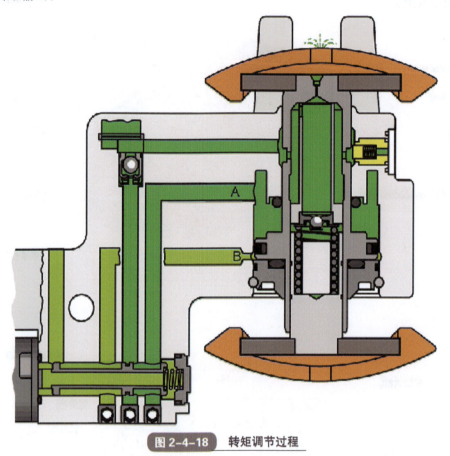

图 2-4-18　转矩调节过程

（2）叶片式凸轮轴正时调节装置

叶片式凸轮轴调节装置安装在每个需要调节的凸轮轴上，与凸轮轴链轮组合在一起。调节器由转子、定子、油压分配器阀门、弹簧锁销等组成。转子焊接在进气凸轮轴上，定子直接作用在控制链条上，分配器阀门用一个带左旋螺纹的螺钉固定在凸轮轴上。

发动机控制单元使用空气流量计和发动机转速传感器的信号作为用来计算所需要调整的主信号，除此之外，还将冷却液温度传感器的信号作为修正信号，将霍尔传感器信号作为识别到进气凸轮位置的反馈信号。

调节器的位置由凸轮轴调节的电磁阀门来确定，它是由发动机控制单元通过一个脉冲宽度的调制信号进行控制的。

停车后，调节器就锁定在延后位置上，这个功能通过弹簧锁销来实现。当发动机机油压力超过0.5bar（$1bar = 1 \times 10^5 Pa$）时便会解锁。调节系统组成及调节器结构如图2-4-19所示。

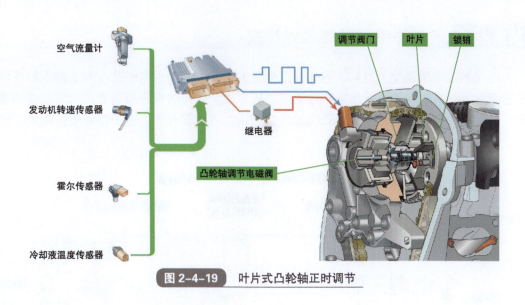

图 2-4-19　叶片式凸轮轴正时调节

2.5 燃油供给与喷射系统

2.5.1 燃油供给与喷射系统总体构成

燃油供给与喷射系统的功用是根据发动机工况的不同要求,准确地计量空气与燃油的混合比,并将一定数量和压力的燃油喷射到进气歧管或直接喷射进气缸中。燃油供给与喷射系统主要由燃油箱、燃油泵、燃油滤清器、燃油管、燃油分配轨和喷油器等组成,如图 2-5-1 所示。

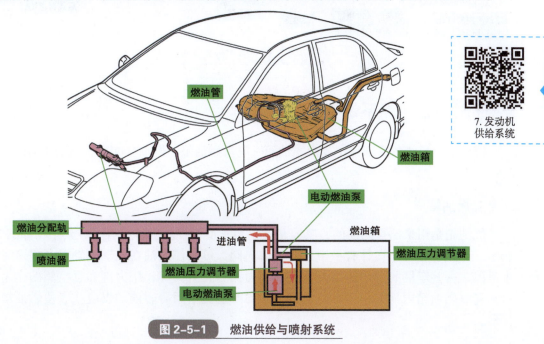

7. 发动机供给系统

图 2-5-1　燃油供给与喷射系统

2.5.2 电子燃油喷射系统总体构成

电子燃油喷射系统（EFI），是以电控单元为控制中心，利用安装在发动机上的各种传感器测出发动机的各种运行参数，再按照电脑中预存的控制程序精确地控制喷油器的喷油量，使发动机在各种工况下都能获得最佳空燃比的可燃混合气。电子燃油喷射系统的组成如图2-5-2所示。

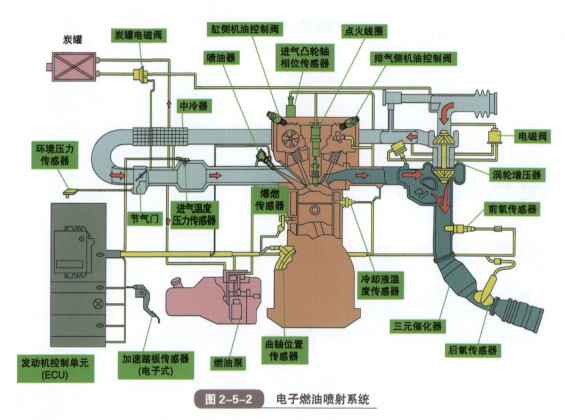

图2-5-2 电子燃油喷射系统

2.5.3 燃油供给系统零部件

燃油供给系统的零部件主要由燃油箱、电动燃油泵、燃油分配轨、燃油压力调节器及喷油器等组成。

1. 燃油箱

燃油箱是用来储存燃油的，其容量大小与车型和发动机排量有关，其结构如图2-5-3所示。一般油箱盖上设计有一个或多个单向阀，可以使燃油在车辆侧翻或者碰撞时不发生泄漏，一些车辆的燃油箱盖上还装有压力阀、真空阀等，压力阀和真空阀的作用是保持和释放燃油箱内部的压力，防止燃油箱内产生真空阻碍燃油的供应或者使燃油箱产生变形。

图 2-5-3　燃油箱

2. 燃油滤清器

燃油滤清器安装在燃油泵与燃油导轨之间的进油管中,可以过滤燃油中的杂质,防止堵塞喷油器等部件,减少运动部件的磨损。燃油滤清器由滤芯和壳体组成,壳体通常用金属或塑料制造,滤芯一般是纸质滤芯。燃油滤清器如图 2-5-4 所示。

滤清器的使用寿命都是有限的,应根据车辆行驶里程,使用的燃油质量情况及时更换,以保证发动机稳定行驶。

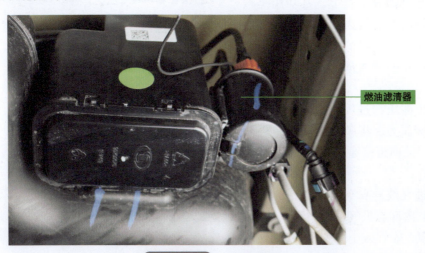

图 2-5-4　燃油滤清器

3. 电动燃油泵

电动燃油泵的功用是将燃油从油箱中吸出，并通过喷油器供给各气缸。电动燃油泵一般安装在油箱内，浸在汽油中。目前多采用叶片式电动燃油泵如图2-5-5所示，运转噪声小，油压脉动小，泵油压力高，叶片磨损小，使用寿命长。部分车型的电动燃油泵还内置了燃油滤清器。

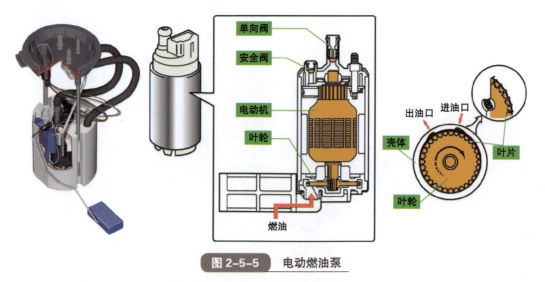

图 2-5-5 电动燃油泵

当叶轮旋转时，泵壳体圆周上小槽内的燃油随同叶轮一起高速旋转。由于离心力的作用，出油口处压力增高，在进油口处产生真空，从而使燃油在进油口处被吸入，在出油口处被排出，这样周而复始地完成燃油的输送。

4. 燃油压力调节器

燃油压力调节器（如图2-5-6所示）一般安装在燃油分配轨上，其功用是根据进气歧管内绝对压力的变化来调节系统油压，保持喷油器的喷油绝对压力恒定，使喷油器的喷油量只取决于喷油器的开启时间。

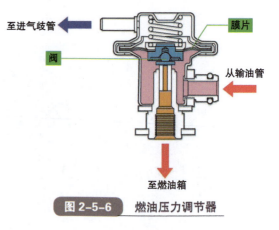

图 2-5-6 燃油压力调节器

当系统油压超过规定值时，燃油压力克服弹簧压力，将膜片向下压，打开阀门，与回油通道接通，系统压力降低，回到规定值。

如果进气歧管真空度变大，为了维持燃油导轨内部与进气歧管内部的压力差恒定，就必须降低系统油压。把进气歧管真空度引入弹簧室，能够减小膜片上方螺旋弹簧的作用力，进而减小打开阀门的压力，使系统油压下降到规定值。反之亦然。

当电动燃油泵停止工作时,在膜片和螺旋弹簧力的作用下使阀门关闭,保持油路中的残余压力。

5. 燃油分配轨

燃油分配轨的功用是将燃油均匀地、等压地分配给各喷油器,同时还具有储油续压的作用。燃油从燃油泵泵出,经滤清器后流入燃油分配轨。燃油分配轨用螺栓安装在进气歧管下部的固定座上,其上安装有喷油器,如图 2-5-7 所示。

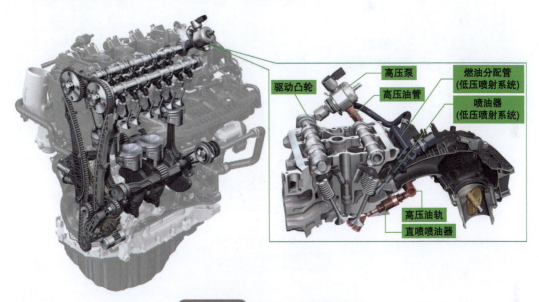

图 2-5-7　燃油分配轨安装位置

燃油由燃油泵泵出,经滤清后流入燃油分配轨,燃油压力调节器保持正常的系统压力,压力过高,多余的燃油经燃油压力调节器的回油口流回燃油箱。

6. 喷油器

喷油器(如图 2-5-8 所示)是燃油喷射系统的执行元件,相当于电磁阀,通电时电磁线圈产生电磁力,将衔铁及针阀吸起,打开喷孔,燃油经针阀头部的轴针与喷孔之间的环形间隙高速喷出;断电时电磁力消失,衔铁及针阀在回位弹簧的作用下将喷孔封闭,喷油器停止喷油。

7. 高压泵

缸内直喷系统中安装有高压泵,高压泵一般安装在气缸盖上,由凸轮轴上的专用凸轮驱动,如图 2-5-9 所示,可产生 3~12MPa 的燃油压力。

高压泵通过吸油行程、回油行程和供油行程将低压油变为高压油。

吸油行程如图 2-5-10a 所示,压力调节电磁阀未通电,溢流阀保持在打开状态。凸轮的形状和活塞弹簧力使柱塞向下运动。由于泵内容积增大以及预工作压力的作用,燃油就跟着流入。

8. 发动机喷油器的拆装

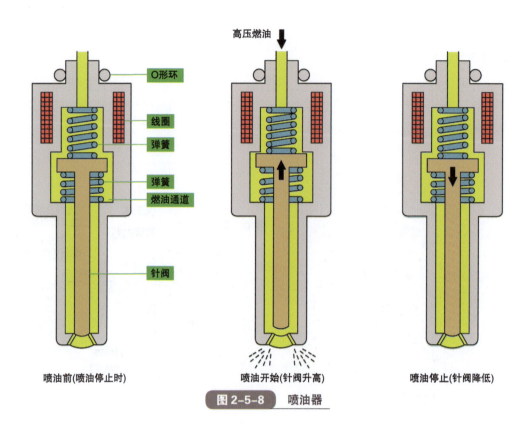

图 2-5-8　喷油器

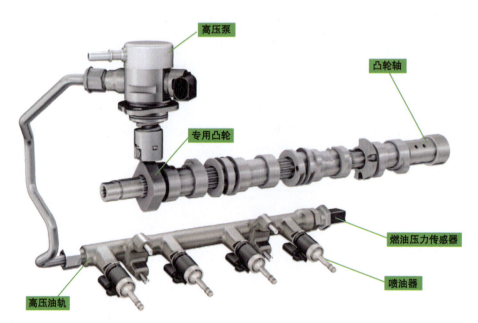

图 2-5-9　高压泵安装示意图

回油行程，凸轮上行，将柱塞向上推。此时压力调节电磁阀仍未通电，还不能建立起压力，可防止溢流阀关闭。燃油被送回到低压系统和高压泵的压力缓冲腔内。

泵油行程如图 2-5-10b 所示，当摇臂凸轮上行到最高位置时，发动机 ECU 给压力调节电磁阀通入规定的电流，衔铁被吸紧。泵内的压力将溢流阀压入其座内。如果泵内的压力超过油轨内的压力，那么排放阀就会被推开，燃油就会进入油轨。

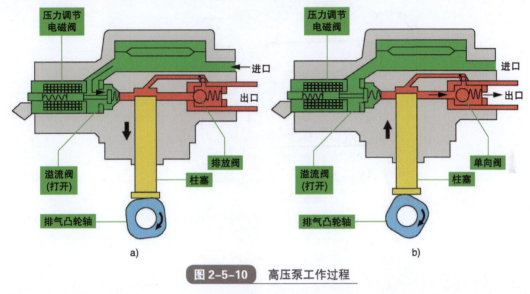

图 2-5-10　高压泵工作过程

a）吸油行程　b）泵油行程

2.5.4　电子燃油喷射系统零部件

1. 空气流量计

空气流量计用于测量发动机进气量，进气量是用来确定基本喷油量的主要依据之一。它一般设置在空气滤清器与节气门体之间，也有的安装在空气滤清器上，还有的将空气流量计与节气门体制成一体安装在发动机上。目前常用的是热线式空气流量计与热膜式空气流量计。

热膜式空气流量计的结构如图 2-5-11 所示，热膜式空气流量传感器采用热平衡原理来检测空气流量。根据热平衡原理：当热膜表面温度与空气温度差值恒定时，空气的质量流量与热膜电流大小成单值关系，因此，只要测出热膜电流的大小，便可以计算出空气流量。当空气流量变化时，控制电路通过惠斯通电桥平衡原理，控制热膜电流大小来保持恒定温差。

2. 燃油压力传感器

大众 EA888 1.8/2.0T 发动机采用双喷射系统，在高低压燃油油轨上分别安装有高压燃油压力传感器和低压燃油压力传感器，发动机控制单元根据这两个传感器信号分别调节高低压燃油系统的压力。高低压燃油压力传感器安装位置如图 2-5-12 所示。

图 2-5-11 热膜式空气流量计

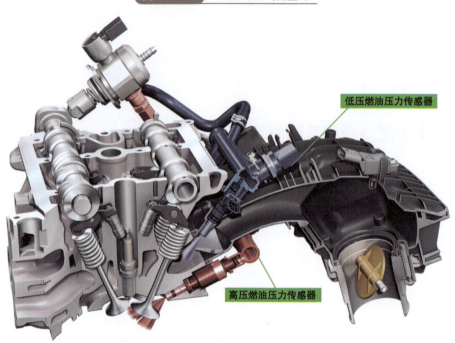

图 2-5-12 高低压燃油压力传感器安装位置

(1) 低压燃油压力传感器

低压燃油压力传感器安装在通向两个高压燃油泵的进油管路中。它测量低压燃油系统的燃油压力,并将信号发送到发动机控制单元,发动机控制单元利用这个信号控制低压燃油系统。发动机控制单元按照传感器信号向燃油泵控制单元发送信号,使其根据这个信号按需调节电子燃油泵。

（2）高压燃油压力传感器

高压燃油压力传感器应用于直喷式发动机，它测量高压燃油系统的燃油压力，并将信号发送到发动机控制单元。发动机控制单元对这个信号进行分析，并通过两个燃油计量阀调节燃油分配器管路内的压力。如果燃油压力传感器失灵，则无法建立燃油高压。发动机以燃油低压状态紧急运行，导致功率和转矩下降。

3. 进气歧管绝对压力传感器

进气歧管绝对压力传感器测量因发动机负荷和转速变化而导致的进气歧管压力变化。它将这些变化转换为电压输出。例如，发动机减速滑行时节气门关闭，将产生一个相对较低的进气歧管绝对压力输出。这些信号是发动机 ECU 计算喷油时间和点火时间的主要依据。进气歧管绝对压力与真空度相反。当进气歧管压力高时，真空度就低。进气歧管绝对压力传感器安装位置如图 2-5-13 所示。

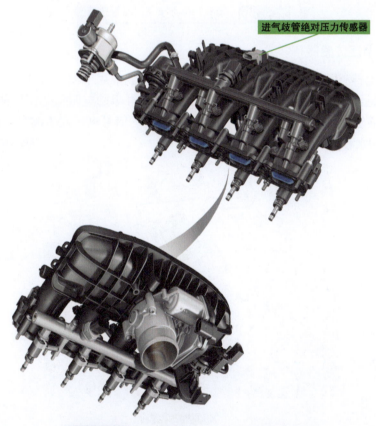

图 2-5-13　进气歧管绝对压力传感器安装位置

4. 节气门位置传感器

节气门位置传感器通常装在节气门体上，如图 2-5-14 所示。它可同时把节气门开度、急速、大负荷等信号转换成电压信号送至发动机 ECU 中，以便控制系统根据发动机的各种典型工况，对喷油量及点火提前角进行最优控制。节气门位置传感器有线性输出和开关量输出两种形式。

9. 节气门体的拆装与清洗

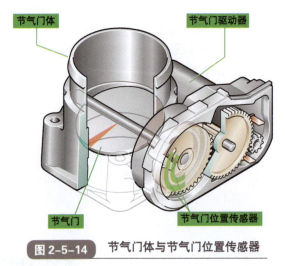

图 2-5-14　节气门体与节气门位置传感器

5. 冷却液温度传感器

冷却液温度传感器用来检测发动机冷却液温度，该值用于喷油量和点火时刻的修正。冷却液温度传感器为负温度系数的热敏电阻式，热敏电阻的电阻值随温度的升高而减小。当发动机冷却液温度改变时，传感器向电控单元输送的信号电压发生改变。冷却液温度传感器安装在冷却水套中，如图 2-5-15 所示。

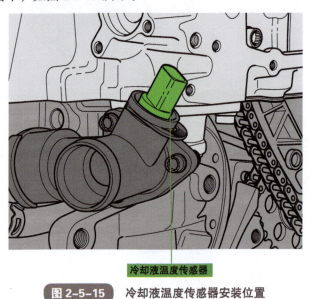

图 2-5-15　冷却液温度传感器安装位置

6. 曲轴位置传感器

曲轴位置传感器也作为发动机转速传感器使用，其作用是采集曲轴转动角度或发动机转速信号,并输入ECU,作为点火控制和喷油控制的主要参数之一。曲轴位置传感器一般安装于曲轴前端、中部或变速器壳体靠近飞轮的位置,如图2-5-16所示。

图2-5-16　曲轴位置传感器安装位置

7. 凸轮轴位置传感器

凸轮轴位置传感器的作用主要是检测凸轮轴的位置和转角,以确定第1缸活塞的压缩上止点位置,从而进行喷油顺序控制和点火时刻控制。双可变气门正时(DT)系统的进、排气凸轮轴各有一个凸轮轴位置传感器,如图2-5-17所示。凸轮轴位置传感器通常是霍尔式,安装在气门室盖后部,传感器头部对应凸轮轴末端的信号转子。

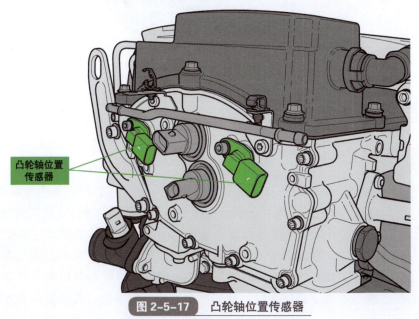

图2-5-17　凸轮轴位置传感器

2.6 进排气系统

2.6.1 进气系统总体构成

进气系统的作用是为发动机可燃混合气的形成提供必要的空气,并计算和控制燃油燃烧时所需要的空气量。空气供给系统如图2-6-1所示,空气经节气门体、空气滤清器、进入进气总管,再分配到各缸进气歧管,在进气歧管内,空气与喷油器喷出的燃油混合后被吸入气缸内燃烧。

图2-6-1 进气系统

2.6.2 进气系统零部件

1. 空气滤清器

空气滤清器用来滤清空气中所含的尘土,以减少气缸、活塞和活塞环等零件的磨损,延长发动机的使用寿命。在汽车上常用的有纸质干式空气滤清器和油浴式空气滤清器。

图2-6-2所示为纸质干式空气滤清器,它是通过用树脂处理的纸质滤芯对空气进行过滤。纸质滤芯的寿命取决于纸面大小(通常呈波折状以提高过滤面积)及空气本身的清洁程度,一般可连续使用10000~50000km。纸质滤芯不能清洗,脏污时可用压缩空气吹去灰尘,严重时必须更换。该滤清器质量轻、结构简单、滤清效果高、安装及保养方便,因此

在汽车上得到广泛应用。

　　油浴式空气滤清器是用金属纤维制成的，由浸于滤清器壳底部储有机油的滤芯来过滤空气，常用于沙漠路况、灰尘大的路况下行驶的汽车。

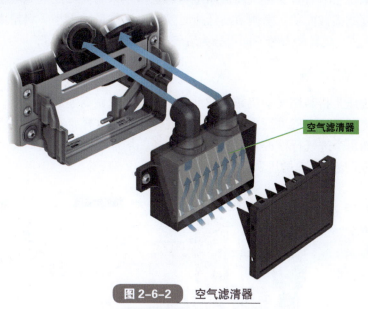

图 2-6-2　空气滤清器

2. 进气歧管

　　进气歧管的功用是将空气或可燃混合气引入气缸，它要保证进气充分及各缸进气量均匀一致。进气歧管多用铝合金或铸铁制造，有些也采用复合塑料制造。进气歧管的结构如图 2-6-3 所示。为提高充气效率，进气歧管的形状、容积都进行了专门的设计，充分利用空气的惯性增压作用，增大进气量。

10. 空气滤清器的清洁检查与更换

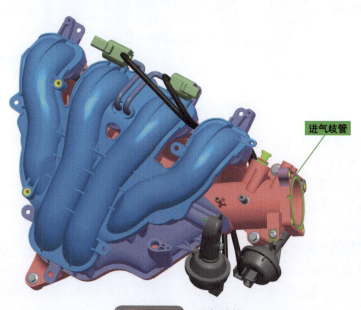

图 2-6-3　进气歧管

2.6.3 进气增压系统

进气增压系统主要有可变进气增压系统与涡轮增压系统。可变进气增压系统是通过改变进气管的长度或横截面积，来调节高低速时发动机进气量的大小。涡轮增压系统是一种动力增压控制系统，按其动力源不同可分为废气涡轮增压、机械增压等。

1. 废气涡轮增压系统

废气涡轮增压是指利用发动机排气的动力，驱动涡轮做高速旋转，带动同轴上的压缩机叶片，对燃烧所需的空气进行预压缩，增大气体密度。这样，在发动机排量和转速不变的情况下，增加每个进气行程进入燃烧室的空气量，增加供油量，达到提高燃烧效率和燃油经济性的目的。废气涡轮增压系统如图 2-6-4 所示。

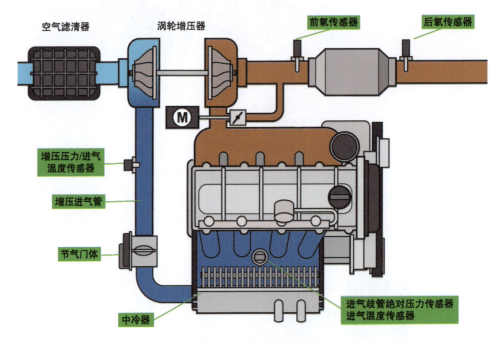

图 2-6-4　废气涡轮增压系统

涡轮增压器一般安装在进气歧管上，涡轮增压器主要由蜗壳、涡轮、压气机叶轮、增压压力调节器等组成。涡轮增压器外观及剖视图如图 2-6-5 所示。蜗壳入口与发动机排气口相连，出口与排气总管连接。压气机入口与空气滤清器后方的进气管连接，出口与进气歧管或进气中冷装置连接。发动机排出的废气驱动涡轮旋转，带动压气机叶片旋转，将进气增压后压入发动机。

传统废气涡轮增压系统存在两个问题：

① 发动机转速很高时，涡轮转速很高（超过 100 000r/mim），空个气量超出实际需求；

② 在发动机怠速或小负荷工况时，涡轮达不到应有的转速，空气压缩不足，发动机增压效果不明显。

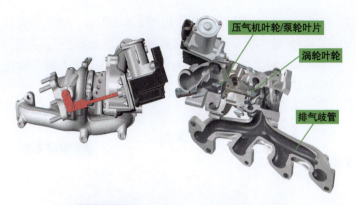

图 2-6-5　涡轮增压器外观及剖视图

可调叶片式涡轮增压系统能够在发动机整个转速范围内调整进气增压的压力。当发动机转速低时，叶片开度减小，废气流通截面减小，废气流速增加，废气涡轮转速增大，进气压力升高；当发动机转速高时，叶片开度增大，废气流通截面增大，废气流速降低，使废气涡轮转速维持在正常范围内，以稳定进气压力。

2. 机械增压系统

机械增压器采用传动带与发动机曲轴带轮连接，利用发动机转速来带动机械增压器内部叶片，以产生增压空气送入发动机进气歧管内。它的工作温度界在 70~100℃。机械增压系统如图 2-6-6 所示。

图 2-6-6　机械增压系统

机械增压器是一种旋转转子式结构装置，如图2-6-7所示。增压器壳体内有两个转子同步转动，但方向相反，于是两个转子工作起来就像在"彼此啮合"。如图2-6-8所示，在工作时（转子转动），叶片和外壁之间的空气就被从空气入口（吸入侧）输送到空气出口（压力侧）。

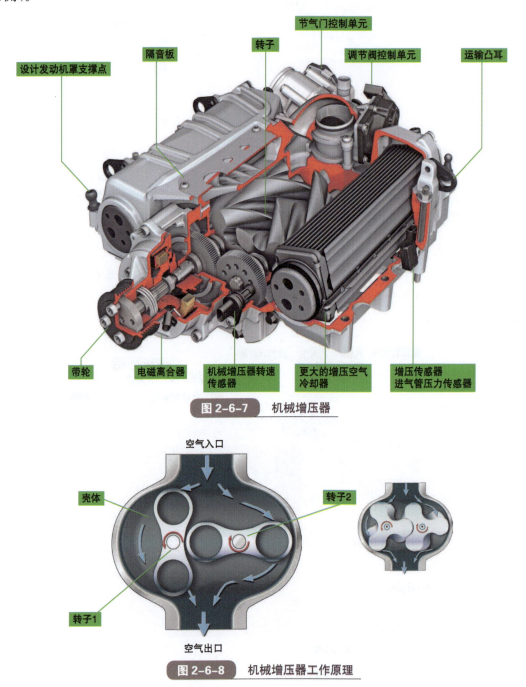

图2-6-7　机械增压器

图2-6-8　机械增压器工作原理

增压器通过电磁离合器（图2-6-9）与发动机曲轴连接或断开。部分发动机还带有增压空气冷却器，增压后的空气流经增压冷却器，冷却后被吸入气缸。

图 2-6-9　增压器电磁离合器

2.6.4　排气系统总体构造

排气系统的功用是将发动机燃烧后的废气排出气缸,同时通过净化装置减少废气中的污染物,并降低排气噪声。排气系统主要由排气管、三元催化器、消声器、排气管以及氧传感器等组成,如图 2-6-10 所示。V 型发动机一般有两个排气歧管,采用双排气装置。

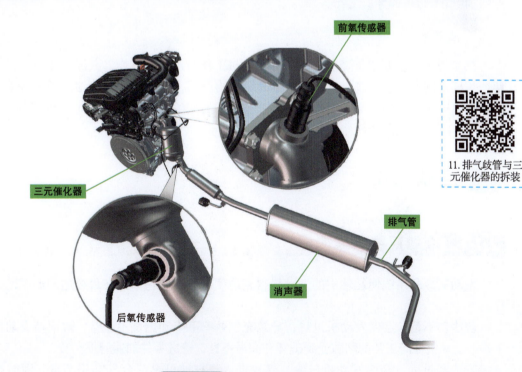

11. 排气歧管与三元催化器的拆装

图 2-6-10　排气系统组成

2.6.5 排气系统零部件

1. 氧传感器

氧传感器监测废气中氧的浓度,并将信息反馈给控制单元,调整喷油量,从而实现发动机的闭环控制,改善发动机的燃烧,减少有害气体的排放。氧传感器安装在排气管上。排气管上还安装有净化废气的三元催化器。常见的车用氧传感器有氧化锆式和氧化钛式两种,氧传感器如图 2-6-11 所示。

2. 三元催化器

汽油发动机废气中,对人类和环境危害最大的有害物质是 HC、NO_x 和 CO。当废气中的 HC,NO_x 和 CO 通过三元催化器内部蜂巢状的陶瓷载体时,温度较高的 CO 和

图 2-6-11　氧传感器

HC 在催化剂(铂和钯)的作用下与氧发生反应,生成无害的水和二氧化碳;而 NO_x,则在催化剂的作用下被还原为无害的氧气和氮气。三元催化器安装在发动机排气管后方,在温度达到 260°以上时才会工作。

3. 消声器

汽车消声器主要用于降低机动车的发动机工作时产生的噪声,其原理是汽车排气管由两个长度不同的管道构成,这两个管道先分开再交汇,由于这两个管道的长度差值等于汽车所发出声波波长的一半,使得两列声波在叠加时发生干涉相互抵消而减弱声强,使传过来的声音减小,从而起到消声的效果。

2.7 冷却系统

2.7.1 冷却系统总体构成

发动机冷却系统使运转中的发动机得到适度冷却,使它保持在最合适的温度范围内工作。

若冷却不足,会使发动机过热,导致充气效率下降和燃烧不正常,进而使发动机功率下降,运动机件间正常的间隙受到破坏和润滑不良,造成零件加速磨损。

若冷却过度,会使发动机过冷,导致进入气缸的可燃混合气雾化不良,因而燃烧不好,造成发动机功率下降及油耗上升;因可燃混合气与温度较低的气缸壁接触,汽化的

燃油又重新凝结流入曲轴箱内，不仅增加油耗，而且会使机油变稀而影响润滑，导致磨损加剧。

冷却系统分为风冷系统和水冷系统两大类，目前发动机上采用强制循环式水冷系统，如图 2-7-1 所示。它利用冷却液泵提高冷却液压力，强制冷却液在发动机中循环流动。

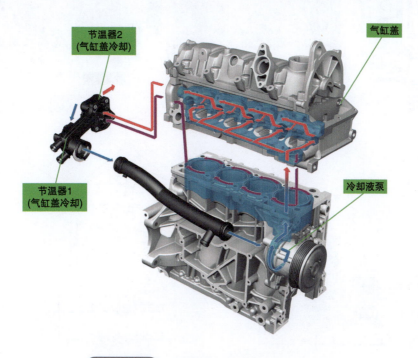

图 2-7-1　冷却系统（强制循环式水冷系统）

2.7.2　冷却系统主要零部件

1. 节温器

节温器的作用是根据发动机冷却液温度的高低，自动改变冷却液的循环路线和流量，从而使发动机在合适的温度下工作。

目前汽车上多采用蜡式节温器，如图 2-7-2 所示，其核心部分为蜡感温元件。冷却液温度较低时石蜡呈固态，主阀门在弹簧的作用下关闭冷却液流向散热器的通道，冷却液进行小循环，如图 2-7-3 所示。当冷却液温度达到一定值时，石蜡融化，打开冷却液流向散热器的通道，冷却系统开始大循环，如图 2-7-4 所示。

检查节温器。如图 2-7-5 所示，将节温器置于热水中，观察温度变化与节温器开启距离关系。当冷却液温度为 86℃时，节温器应开始打开；当冷却液温度达 100℃时，节温器阀门应全部开启，其开启行程 A 应不小于 7mm。

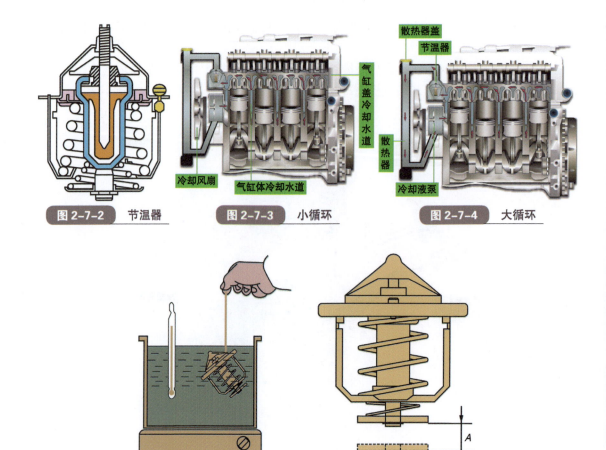

图 2-7-2 节温器

图 2-7-3 小循环

图 2-7-4 大循环

图 2-7-5 检查节温器

a）加热节温器　b）节温器阀门升程

2. 冷却液泵

汽车发动机上广泛使用的离心式冷却液泵如图 2-7-6 所示，安装在发动机前端，通常与风扇一起用带轮同轴驱动。冷却液泵的功用是对冷却液加压，强制其在冷却系统中循环流动。当冷却液泵叶片旋转时，冷却液被叶轮/叶片带动一起旋转，并在离心力的作用下被甩向冷却液泵壳体的边缘，同时产生一定的压力，然后从出水管流出。

3. 散热器

散热器俗称水箱，如图 2-7-7 所示，安装在发动机前的车架横梁上。它的功用是将冷却液在水套中所吸收的热量传给外界大气，使冷却液温度下降。散热器要用导热性能良好的材料制造，并应保证足够的散热面积。在散热器上、下水箱上分别装有进水管口和出水管口，它们分别用软管与发动机气缸盖上的出水管口及冷却液泵的进水管口连接。散热器下水箱中还常设有放水开关。

图 2-7-6　离心式冷却液泵

12. 发动机冷却系统

13. 冷却液的检查与更换

14. 节温器的检查与更换

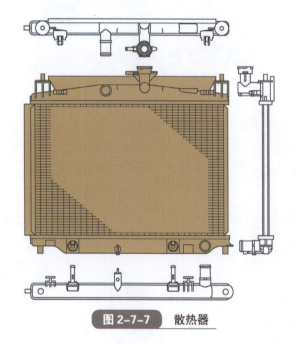

图 2-7-7　散热器

4. 散热器盖

汽车上广泛采用闭式水冷系统，该水冷系统的散热器盖具有压力阀和真空阀，可自动调节冷却系统内的压力，提高冷却效果。散热器盖结构原理如图 2-7-8 所示。

当发动机工作时，冷却液的温度逐渐升高。由于冷却液容积膨胀使冷却系统内的压力增高。当压力超过预定值时，压力阀开启，一部分冷却液经溢流管流入膨胀水箱，以防止冷却液胀裂散热器。当发动机停机后，冷却液的温度下降，冷却系内的压力也随之降低。当压力降到大气压力以下出现真空度时，真空阀开启，膨胀水箱内的冷却液部分地流回散热器，可以避免散热器被大气压力压坏。

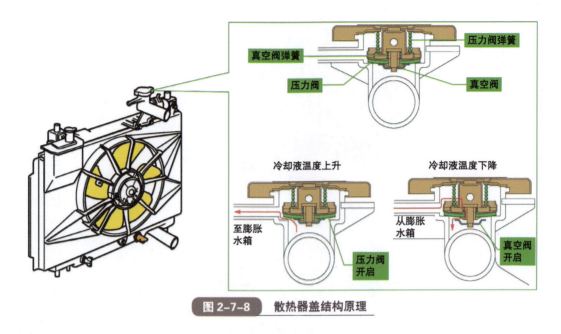

图 2-7-8 散热器盖结构原理

5. 冷却风扇

冷却风扇如图 2-7-9 所示安装在散热器的后面，冷却风扇促进散热器的通风，提高散热器的热交换能力。汽车发动机的水冷却系统大多采用电动冷却风扇，电动冷却风扇由风扇电动机驱动并由蓄电池供电，所以风扇转速与发动机转速无关。

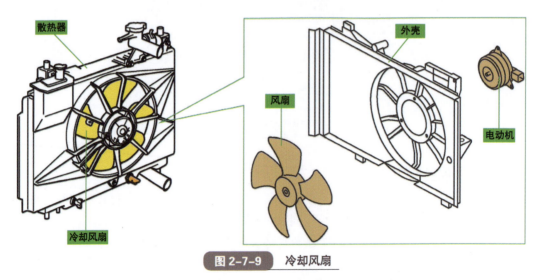

图 2-7-9 冷却风扇

冷却风扇电动机一般采用双速直流电动机，根据发动机工况不同，冷却风扇的转速也不同，从而实现不同的冷却强度。电动散热风扇的控制有两种形式，即温控热敏电阻开关控制和发动机 ECU 控制。

6. 冷却水道

冷却液出水口分水喉管将冷却水道分为多个分水道。分水道的作用是使多缸发动机各气缸的冷却强度均匀一致。铜制或不锈钢制的分水道直接铸在机体上，沿其纵向设有出水孔，并与机体水套相通，离水泵越远，出水孔越大，分水道数目通常与气缸数相同。

冷却液在水泵中增压后，经分水道进入发动机的机体水套，冷却液从水套壁周围流过并吸热而升温，然后向上流入气缸盖水套并吸热后，经节温器及散热器进水软管流入散热器。在散热器中冷却液向流过散热器周围的空气散热而降温，最后冷却液经散热器出水软管返回水泵，如此循环往复。

2.8 润滑系统

2.8.1 润滑系统总体构成

发动机润滑系统功用是在发动机工作时连续不断地将足量、压力和温度适宜的清洁机油，输送到运动副的摩擦表面，并在摩擦表面间形成油膜，从而减小摩擦阻力、降低功率消耗、减轻机件磨损，以达到提高发动机工作可靠性和耐久性的目的。发动机润滑系统组成如图2-8-1所示。

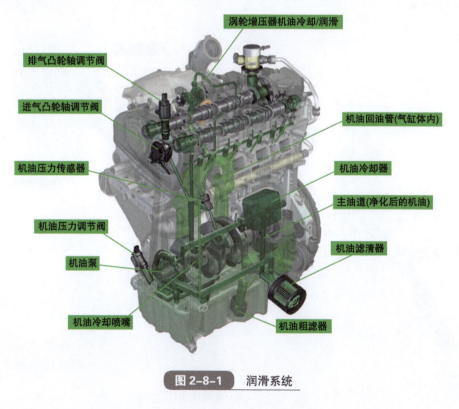

图2-8-1 润滑系统

2.8.2 润滑系统主要零部件

1. 机油泵

机油泵的功用是保证机油在润滑系统内循环流动，并在发动机的任何转速下，都能以足够高的压力向润滑部位输送足量的机油。发动机的机油泵有转子式机油泵（如图2-8-2所示）和齿轮式机油泵（如图2-8-3所示）两种。

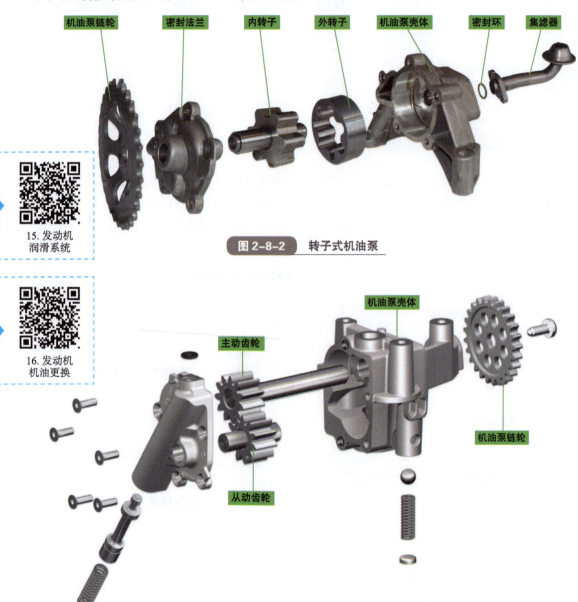

图 2-8-2 转子式机油泵

图 2-8-3 齿轮式机油泵

检查转子式机油泵。将泵壳和泵盖分开,检查内、外转子之间的径向间隙。标准值为 0.02~0.16mm,维修极限为 0.20mm。如果间隙测量值超过使用极限,则应更换内、外转子。

2. 机油滤清器与机油冷却器

汽车中的机油滤清器串联于机油泵和主油道之间,过滤掉机油内的金属碎屑和积炭渣,其结构如图 2-8-4 所示。纸质滤芯装在滤清器外壳内,滤清器出油口是螺纹孔,能把滤清器拧在机体上的螺纹接头上,螺纹接头与机体主油道相通。在机体安装平面与滤清器之间用密封圈密封。机油从纸质滤芯的外围进入滤清器中心,流过滤芯时杂质被截留在滤芯上,然后经出油口流进机体主油道。

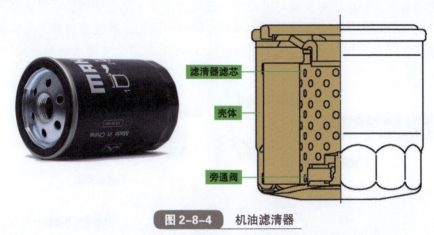

图 2-8-4 机油滤清器

机油冷却器安装示意图如图 2-8-5 所示,串接于机油泵与主油道之间。利用发动机冷却液流经散热片缝隙而带走机油热量,冷却后的机油再流入主油道。

图 2-8-5 机油冷却器安装示意图

3. 油底壳

汽车发动机底部密封是由油底壳（又称为下曲轴箱）实现的。大多数发动机采用的是湿式油底壳，其主要功能是存储机油并封闭曲轴箱。

2.8.3 可调式润滑系统

1. 结构和功能

可调式润滑系统是指润滑系统可以根据发动机转速和工况自动调节润滑系统的机油供给量，低速低负荷工况下机油泵以低功率运行，以降低消耗；高速高负荷工况机油泵以高功率运行提高供油量，以保证发动机润滑良好。EA837发动机可调式润滑系统如图2-8-6所示。

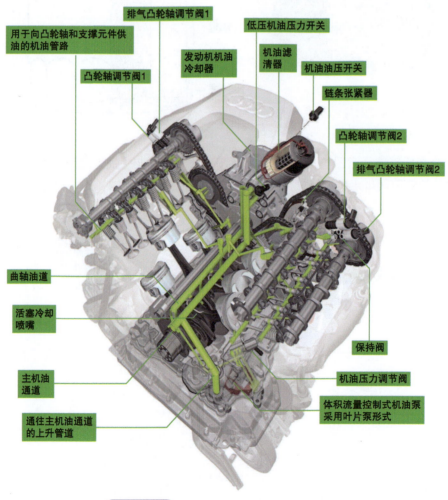

图2-8-6　EA837发动机可调式润滑系统

2. 工作原理

（1）机油泵

机油泵采用带有调节滑块的两档式叶片泵。

（2）低压工况

机油压力调节阀由发动机控制单元进行开关，由此打开通往控制面的通道。泵所产生的机油压力作用到两个控制面上，并将调整环进一步扭转，泵腔变小，由此减少输油量，油压下降，机油泵以较低的驱动功率运行，从而降低了消耗，如图2-8-7所示。

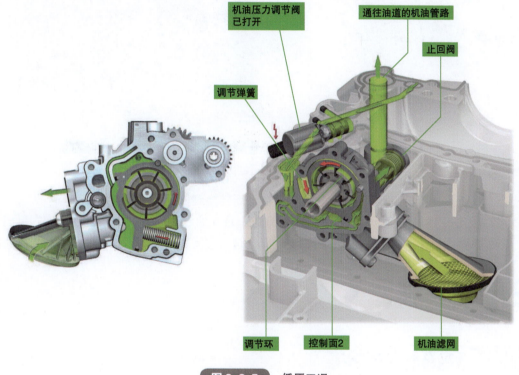

图 2-8-7 低压工况

在低压工况下，机油压力约为1.5bar。如果机油压力调节阀的电动控制功能失效，机油泵便会持续以高压力水平进行输送。

（3）高压工况

当发动机转速逐渐提高后，将切换到高压档。此时，机油压力调节阀被关闭。这样，调节环控制面上的机油流便被中断。此时，调节弹簧将调节环推回，机油泵的内室因此扩大，机油泵的输送功率上升，油压被调节到高压力水平，从控制面被压回的机油通过机油压力调节阀排入油底壳，如图2-8-8所示。

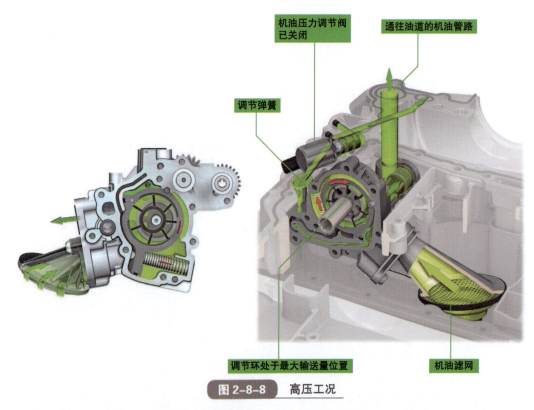

图 2-8-8 高压工况

当发动机转速降低后,油压在延迟 5s 后被重新转换到低压力水平。

在高压工况下,机油压力约为 3.3bar。为防止系统油压过高(例如当机油温度很低时,机油非常黏稠的情况下),在泵中集成了一个安全阀,它能在大约 11bar(相对)时打开。

2.9 点火系统

2.9.1 点火系统总体构成

汽油发动机工作时,气缸内的可燃混合气是由电火花点燃的。点火系统的作用就是根据发动机的工作状态,按照发动机的工作顺序,在合适的时刻供给火花塞以足够能量的高压电,使其电极间产生火花,确保能点燃混合气,燃烧后产生强大能量,推动活塞运动,使发动机做功。点火系统如图 2-9-1 所示。

1. 计算机点火控制系统

计算机点火控制系统主要由各类传感器、电子控制单元(发动机 ECU)和点火执行器 3 部分组成,如图 2-9-2 所示。计算机点火控制系统是由发动机控制单元根据各传感器提供的信号,确定点火时刻,并发出点火控制信号,点火器根据发动机控制单元指令,控制点火线圈初级回路的导通和截止。

第2章 汽车发动机

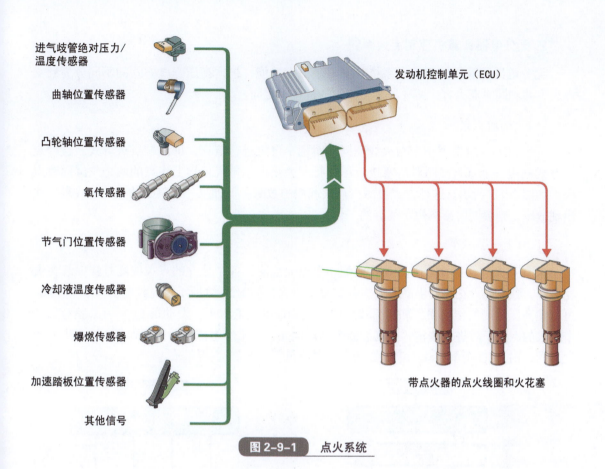

图 2-9-1　点火系统

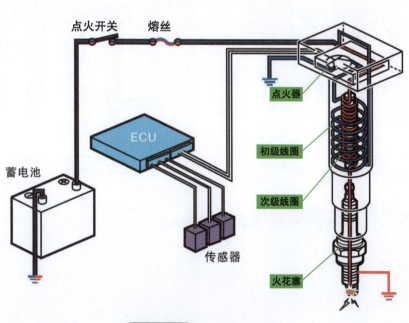

图 2-9-2　计算机点火系统

2. 无分电器计算机控制点火系统

无分电器计算机控制点火系统具有电子配电功能，根据高压配电方式的不同分为独立点火方式和同时点火方式两种，其工作原理也各不相同。

（1）同时点火

同时点火一般采用一个点火线圈同时对两个气缸进行点火，即双缸点火方式。这种点火方式利用一个点火线圈对活塞接近压缩行程上止点和排气行程上止点的两个气缸同时点火，如图 2-9-3 所示。这种方式可减少点火线圈的数量，但如果一个气缸的火花塞或高压线出现故障，则会同时影响两个气缸的工作。

（2）独立点火

独立点火方式是一个缸的火花塞配一个点火线圈，各个独立的点火线圈直接安装在火花塞上，独立向火花塞提供高压电，各缸直接点火，如图 2-9-4 所示。此结构去掉了高压线，可以使高压电能的传递损失和对无线电的干扰降低到最低水平。发动机 ECU 可单独对每一个气缸的点火正时进行调整，提高燃烧效率。例如，如果爆燃传感器检测到第 3 缸点火后产生爆燃，则 ECU 会单独减小第 3 缸的点火提前角。

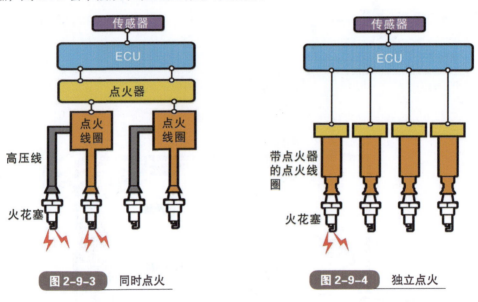

图 2-9-3　同时点火　　　　图 2-9-4　独立点火

2.9.2　点火系统主要零部件

1. 点火线圈

（1）点火线圈的组成和基本原理

点火线圈在点火器的控制下，通过自感和互感产生高压电，使火花塞产生火花。目前，发动机常用的带点火器的点火线圈结构如图 2-9-5 所示，点火线圈基本原理如图 2-9-6 所示。

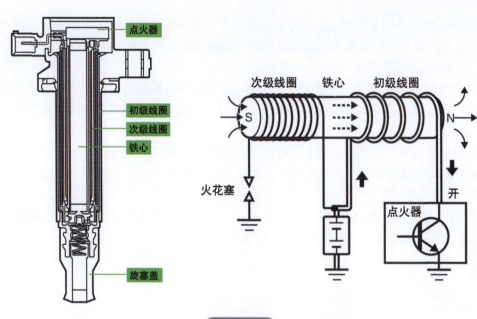

17. 发动机点火与起动系统

图 2-9-5　点火线圈结构

根据发动机 ECU 输出的点火正时信号，蓄电池的电流通过点火器流到初级线圈，在线圈周围产生磁力线，如图 2-9-6a 所示。

点火器按照发动机控制单元输出的点火信号快速切断流往初级线圈的电流。初级线圈由于自感效应将产生约 500V 的电动势，而次级线圈在互感效应下将产生约 30kV 的高压电动势，这样火花塞就可以产生火花，如图 2-9-6b 所示。

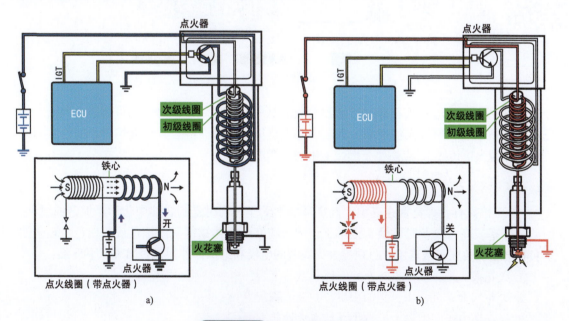

图 2-9-6　点火线圈基本原理

（2）点火线圈的检查

1）电阻检查。使用万用表的欧姆档测量点火线圈初级线圈和次级线圈的电阻，并与标准值比较，以此来判断点火线圈是否短路或断路。为使测量更准确，测量前断开点火线圈线束插接器，具体操作步骤如下：

① 测量初级线圈电阻。将万用表置于"Ω"档，测量初级线圈的电阻。大多数初级线圈的电阻值为1~3Ω，有些初级线圈电阻值可能低于1Ω。标准电阻值应参见相应车型维修手册。

② 测量次级线圈电阻。将万用表置于"kΩ"档，测量点火线圈的两个高压输出端子或初级线圈正极与次级线圈输出端子之间的电阻，多数次级线圈的电阻值为6~30Ω。标准电阻值应参见相应车型维修手册。

2）绝缘检查。使用万用表的欧姆档测量点火线圈任一接柱与外壳之间的电阻，电阻值应不小于50MΩ，否则说明点火线圈绝缘不良，应更换点火线圈。

2. 火花塞

（1）火花塞的组成与基本原理

火花塞结构如图2-9-7所示，其作用是将点火线圈产生的高压电引入燃烧室，并在两极之间产生电火花，以点燃可燃混合气。

18. 火花塞的检查与更换

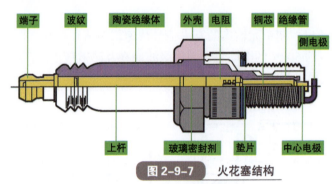
图 2-9-7　火花塞结构

火花塞点火原理：火花穿过可燃混合气后从中心电极到接地电极，可燃混合气沿着火花的路径被引燃，形成火焰中心。火焰中心引燃周围的可燃混合气。火焰中心的热量向外扩展（称为火焰传播），点燃整个燃烧室中的可燃混合气。

（2）火花塞的检查

1）目视检查。火花塞在高温、高压环境中工作，同时受到燃油中化学添加剂的腐蚀，因此故障率较高，要及时更换。正常工作的火花塞绝缘体裙部呈浅棕色或灰白色，轻微的积炭和电极烧蚀属正常现象。目视检查火花塞的电极和绝缘体外观是否出现以下现象：

① 火花塞烧损，例如火花塞绝缘体起皱、破裂，电极烧蚀、熔化等。
② 火花塞上有沉积物，例如积炭、积油、积灰等。
③ 火花塞电极间隙过大或过小，使点火性能下降。

2）电极间隙检查。使用塞尺检查火花塞电极间隙，间隙值应符合规定。火花塞的电极间隙一般为 0.6~1.2mm，具体数据参见相应车型维修手册。测量时，用规定厚度的塞尺插入火花塞电极间隙中，感觉稍有阻力即为合适，否则需用专用工具通过弯曲火花塞侧电极来调整电极间隙。

3）火花塞跳火检查。断开全部喷油器插头，使其不能喷油。取出带点火器的点火线圈和火花塞。重新将火花塞安装到点火线圈内，连接点火器插接器。将火花塞搭铁，然后起动起动机带动曲轴和凸轮轴转动，检查火花塞的跳火情况。如果跳火位置在火花塞间隙中，说明火花塞作用良好。

3. 爆燃传感器

爆燃传感器可使发动机控制模块（ECM）控制点火提前角，以尽可能获得最佳性能，同时使发动机免受爆燃损害。爆燃传感器采用压电晶体技术，可将发动机的振动或噪声转化为振幅和频率不断变化的交流电压信号。电压信号的振幅和频率取决于爆燃传感器检测到的爆燃水平。

2.10 起动系统

2.10.1 起动系统总体构成

1. 起动系统的组成与作用

要使发动机由静止状态过渡到工作状态，必须先用外力转动发动机的曲轴，使活塞进行往复运动，使气缸内的可燃混合气燃烧，膨胀做功，推动活塞向下运动使曲轴旋转，发动机才能自行运转，工作循环才能自动进行。因此，曲轴在外力作用下开始转动到发动机开始自动地怠速运转的全过程，称为发动机的起动。完成起动过程所需的装置，称为发动机的起动系统。起动系统示意图如图 2-10-1 所示。

起动系统由蓄电池、起动机、起动继电器、点火开关和相关线路组成。起动机在点火开关和起动继电器的控制下，将蓄电池的电能转化为机械能，带动发动机飞轮齿圈使曲轴转动，完成发动机的起动。

2. 起动系统工作原理

直流电动机在直流电压的作用下产生的旋转力矩称为电磁力矩或电磁转矩。起动发动机时，它通过驱动齿轮、飞轮齿圈驱动发动机曲轴旋转，使发动机起动。当发动机进入自行运转状态后，起动系统立即与曲轴分离并停止工作，以防止发动机高速运转时起动机产生很大离心力而导致损坏。起动机电路的通断由电磁开关来控制。起动机的工作原理如图 2-10-2 所示。

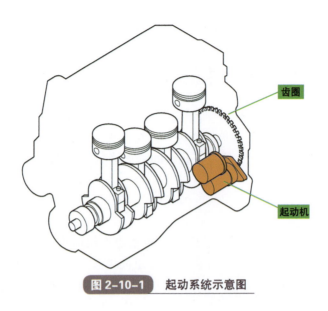

图 2-10-1　起动系统示意图

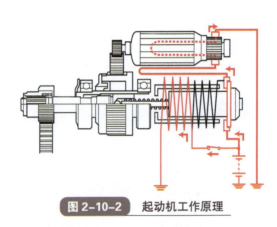

图 2-10-2　起动机工作原理

2.10.2　起动系统主要零部件

1. 直流电动机

直流电动机的作用是将蓄电池输入的电能转换为机械能,产生使发动机运转的电磁转矩。直流电动机主要由电枢(转子)、磁极(定子)、换向器、电刷、电刷架、端盖等部件构成。起动机的分解图如图 2-10-3 所示。

(1) 电枢

电枢的作用是产生电磁转矩,其由电枢轴、换向器(俗称整流子)、电枢心、电枢线圈等组成,如图 2-10-4 所示。为了获得足够的转矩,通过电枢线圈的电流一般为 200~600A,因此电枢线圈采用的都是较粗的矩形截面的铜线绕制而成。电枢线圈各线圈的端头均匀地焊接在换向器片上,通过换向器和电刷将蓄电池的电流引进来。

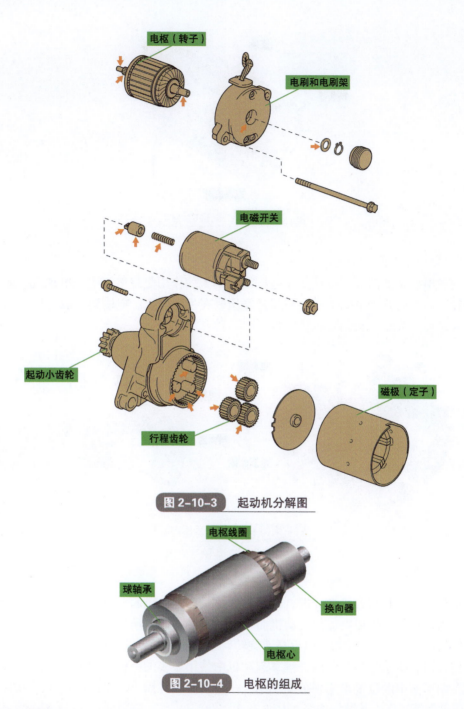

图 2-10-3 起动机分解图

图 2-10-4 电枢的组成

（2）磁极

磁极的作用是产生磁场，其由固定在机壳上的磁极心和励磁绕组组成，其结构如图 2-10-5 所示。为增大磁场强度，一般采用是 4 个磁极，两对磁极相对交错地安装在电动机定子内壳上。4 个励磁绕组有串联和并联的连接方式。汽车上的起动机中的直流电动机的励磁绕组是串联方式连接的，故电动机称为直流串励电动机。励磁绕组一端接在外壳的绝缘接线柱上，另一端与两个非搭铁的电刷相连。

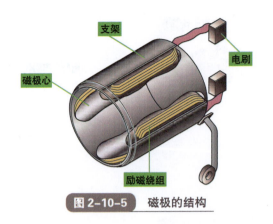

图 2-10-5 磁极的结构

（3）电刷与电刷架

电刷和电刷架如图 2-10-6 所示，电刷和电刷架的作用是将电流引入电动机，使电枢产生定向转矩。电刷置于电刷架中，通过弹簧压紧在换向器上。电刷架一般为框式结构，其中正极电刷架与端盖绝缘地固装，负极电刷架直接搭铁。

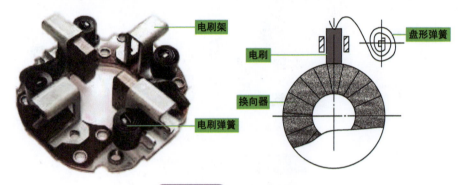

图 2-10-6 电刷与电刷架

2. 传动机构

传动机构主要是离合机构，离合机构的作用是在发动机起动时，使起动机驱动齿轮啮入飞轮齿圈，将起动机转矩传给发动机曲轴；而在发动机起动后，使驱动齿轮打滑与飞轮齿圈自动脱开，以防止飞轮带动电枢高速旋转，造成电枢绕组"飞散"。

滚柱式离合机构是目前国内外汽车起动机中使用最多的一种。滚柱式离合器使通过改变滚柱在楔形槽中的位置来实现分离和结合。它具有结构简单、坚固耐用、体积小、重量轻、工作可靠等优点，其结构如图 2-10-7 所示。

3. 控制装置

控制装置主要是电磁开关，如图 2-10-8 所示，电磁开关的作用是控制电动机与蓄电池之间的电路的通断，从而控制起动机的工作。电磁开关主要由牵引线圈（吸引线圈或吸拉线圈）、保持线圈、复位弹簧、活动铁心、接触片等组成。它安装于直流电动机壳体上方。

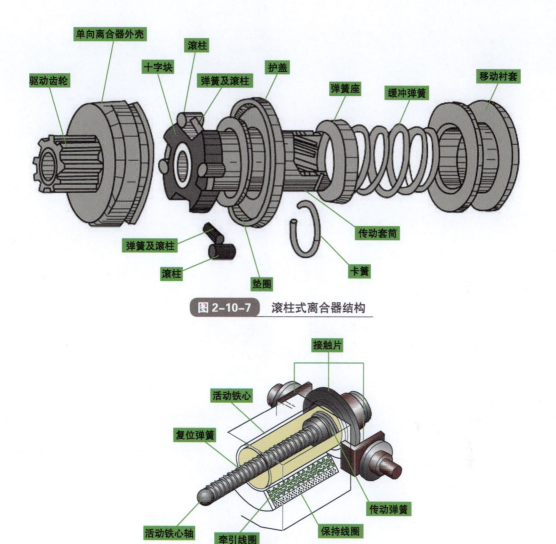

图 2-10-7 滚柱式离合器结构

图 2-10-8 电磁开关

4. 起动机转动无力故障检修

1）检查蓄电池电量是否充足。一般先接通前照灯，然后起动车辆，观察车辆状态。接通前照灯的目的是判断电量是否充足，或电路是否有故障。

2）若蓄电池电量正常，则故障有可能是起动机或发动机本身。将起动机电磁开关的"30"和"C"两个接线柱短接。如果短接后起动有力且运转正常，说明起动机电磁开关内主触点和接触盘接触不良；如果短接后起动仍然无力，则故障在电动机本身，需进一步拆检。可能的故障是：主开关接触不良、电刷和换向器之间电阻过大或接触不良、单向离合器打滑等。

3）如果在接通起动开关后，起动机有连续的"咔嗒"声。短接起动机电磁开关的两个主接线柱，若起动机转动正常，说明电磁开关保持线圈断路或短路，应按需修理或更换。

第 3 章 汽车传动系统

Chapter 3

3.1	汽车传动系统总体构成	82
3.2	离合器	82
3.3	手动变速器	88
3.4	自动变速器	95
3.5	万向传动装置	113
3.6	驱动桥	116

3.1 汽车传动系统总体构成

19.汽车底盘传动系统

汽车传动系统是指从发动机到驱动车轮之间所有动力传递装置的总称。传动系统的基本功用是与发动机协同工作，将发动机发出的动力传递给车轮，以保证汽车在各种不同的工况下均能正常行驶，并具有良好的动力性与经济性。因此，任何形式的传动系统都必须具备这5项功能：实现汽车减速增矩、实现汽车变速、实现汽车倒车、必要时中断传动系统的动力传递、使车轮具有差速功能。

对于发动机前置后驱的轿车，发动机发出的动力经离合器（手动变速器）/液力变矩器（自动变速器）、变速器、万向传动装置传到驱动桥，动力又经过主减速器、差速器和半轴，最后传递到驱动车轮，如图3-1-1所示。

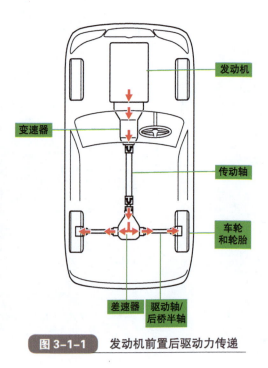

图 3-1-1 发动机前置后驱动力传递

3.2 离合器

3.2.1 离合器的作用

离合器安装在发动机与变速器之间，是传动系统中直接与发动机相连的部件，负责接合和切断发动机与变速器之间的动力传递，如图3-2-1所示。对于离合器的基本要求为：主动部分和从动部分可以暂时分离，又可以逐渐接合，并且有可能在传动过程中发生相对滑转，其具体功用如下。

① 保证汽车的平稳起步。汽车起步时，驾驶员缓慢抬起离合器踏板，使离合器的主、从动部分逐渐接合。当驱动力足以克服汽车起步阻力时，汽车便由静止开始逐渐加速，实现平稳起步。

② 保证变速器换档平顺。汽车在行驶过程中，传动系统为适应不断变化的行驶条件，需要不断变换档位。对于普通齿轮变速器，换档时不同档位的齿轮副要退出或进入啮合，这就要求换档前踩下离合器踏板，中断发动机的动力传动，以便原有齿轮副退出啮合，同时使新齿轮副啮合部位的速度逐渐相等，因此进入啮合时冲击减轻，使换档工作平顺。

③ 防止传动系统过载。汽车紧急制动时，若没有离合器，发动机因与传动系统刚性相连使转速急剧下降，其所有运动件将产生很大的惯性力矩，会造成传动系统过载而使其机件损坏。有了离合器，当传动系统承受载荷超过离合器所能传递的最大转矩时，离合器会通过主、从动部分之间的相对运动（滑转）来消除这一危险，从而达到过载保护的目的。

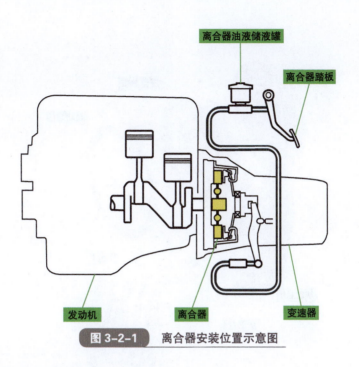

图 3-2-1　离合器安装位置示意图

3.2.2　离合器的分类

按照从动盘数目不同,离合器可分为单片式离合器(图 3-2-2)和双片式离合器(图 3-2-3),单片式离合器常用于轿车和轻型货车,双片离合器因能传递较大的转矩,多用于重型车辆上。

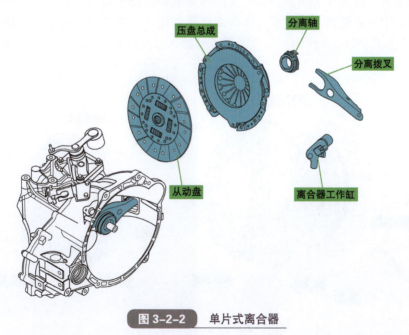

图 3-2-2　单片式离合器

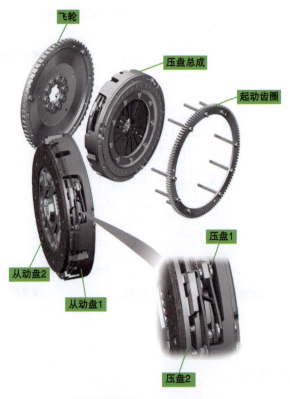

图 3-2-3　双片式离合器

按压紧弹簧结构形式不同，离合器可分为螺旋弹簧离合器和膜片弹簧离合器。螺旋弹簧离合器采用若干弹簧作为压紧弹簧，可沿压盘的圆周或中央布置，因此又分别称为周布弹簧离合器、中央弹簧离合器。膜片弹簧离合器利用一个膜片弹簧起压紧作用，膜片弹簧离合器结构组成如图 3-2-4 所示。膜片弹簧离合器目前应用较为广泛，主要应用于轿车和载货汽车上。

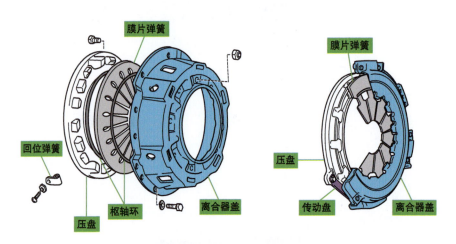

图 3-2-4　膜片弹簧离合器

3.2.3 离合器的组成

膜片弹簧离合器由主动部件、从动部件、压紧机构和操纵机构 4 部分组成,如图 3-2-5 所示。

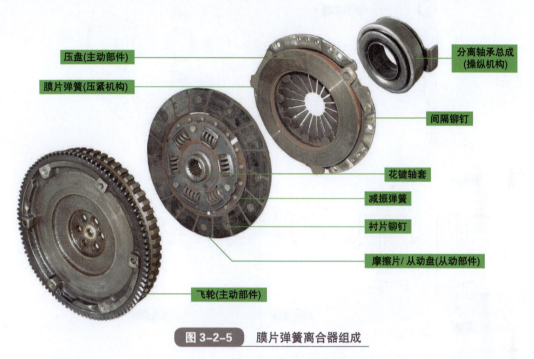

图 3-2-5　膜片弹簧离合器组成

1. 主动部件

主动部件包括飞轮压盘总成（含离合器盖）等。离合器盖用螺栓固定在飞轮上。传动片一端用铆钉铆在离合器盖上,另一端用螺钉连接在压盘上。这样,发动机转动时,动力经飞轮、离合器盖、传动片传到压盘,而后飞轮、离合器盖、传动片、压盘一起运转。

2. 从动部件

从动部件包括从动盘和变速器输入轴等。从动盘如图 3-2-6 所示,离合器正常接合时它分别与飞轮和压盘相接触;从动盘通过离合器毂装在手动变速器输入轴（从动轴）的花键上。从动盘一般带有减振板,以防止传动系统的扭转振动使机件受到交变冲击载荷,导致机件损坏。

3. 压紧机构

压紧机构包括压紧弹簧和支承装置等。压紧机构是利用膜片弹簧的压紧作用,膜片弹簧将压盘和从动盘压向飞轮,使飞轮、从动盘和压盘压紧在一起。发动机转矩靠飞轮与从动盘接触面之间的摩擦作用传到从动盘上,从动盘与从动轴通过花键轴套连接,从而可以把动力传递给从动轴,再经过从动轴传给变速器。

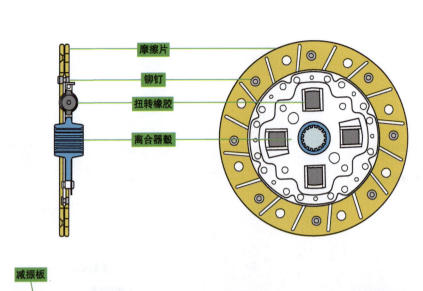

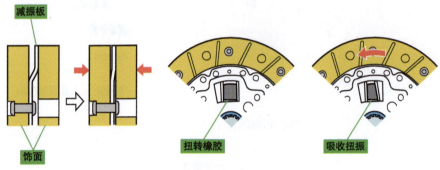

图 3-2-6　离合器从动盘

4. 操纵机构

操纵机构包括离合器踏板、分离轴承、分离拨叉等，分离轴承如图 3-2-7 所示。当踩下制动踏板时，在制动主缸中就建立起液压，压力通过液压软管送到离合器工作缸，此压力用于移动分离拨叉，分离拨叉推动分离轴承移动来实现对离合器的操纵。

主、从动部件和压紧机构是保证离合器处于接合状态，并能传递动力的基本装置，而操纵机构主要是使离合器分离的装置。

3.2.4　离合器的工作原理

未踩下离合器踏板时，膜片弹簧的外圆周对压盘产生压紧力使离合器处于接合状态。踩下离合器踏板时，分离轴承推动膜片弹簧，使膜片弹簧外圆周向后翘起，压盘离开飞轮表面，使离合器分离。

离合器处于接合状态时，膜片弹簧将压盘、离合器从动盘、飞轮互相压紧，发动机转矩经飞轮及压盘，以摩擦力矩的形式传递到从动盘，进而传递给变速器输入轴，再经变速器输入轴向传动系统输出，如图 3-2-8 所示。

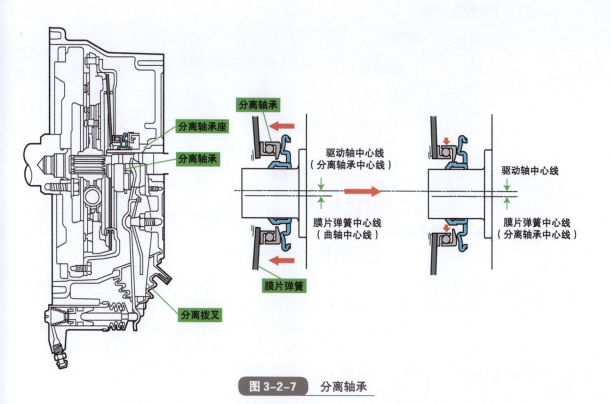

图 3-2-7 分离轴承

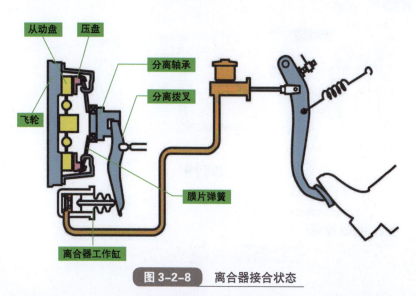

图 3-2-8 离合器接合状态

踩下离合器踏板时，通过操纵机构带动分离拨叉移动，推动分离轴承，使膜片弹簧内端向左移动，膜片弹簧外端绕着离合器盖上的支承装置拉动压盘向右移动，解除压盘对离合器从动盘的压力，离合器的主、从动部件处于分离状态，动力传递中断，如图3-2-9所示。

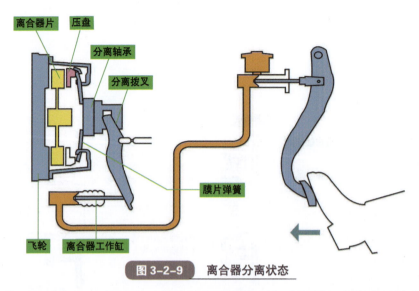

图 3-2-9　离合器分离状态

当车辆需要恢复动力的传递时，驾驶员缓慢地抬起离合器踏板，离合器分离轴承对膜片弹簧内端的压力减小，压盘便在膜片弹簧弹力作用下逐渐压紧离合器从动盘，所传递的转矩逐渐增大。当所传递的转矩小于汽车起步阻力时，离合器从动盘不转动，汽车不动，主、从动部件的摩擦面间完全打滑，如图 3-2-10 所示。随着压盘压力和转矩的不断增大，主、从动部件摩擦面的转速差将逐渐减小，直到转速相等，滑动摩擦现象消失，离合器完全接合。

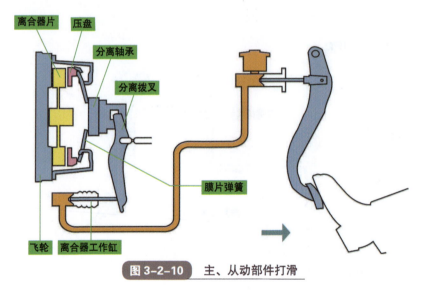

图 3-2-10　主、从动部件打滑

3.3　手动变速器

车辆行驶过程中，需要的驱动力和车速变化范围大，而发动机提供的转矩和转速的变化范围较小，因此，汽车传动系统中必须设置变速器。变速器主要有以下 3 个方面的作用：

① 改变传动比。利用不同齿数的齿轮啮合来改变传动比，可在较大范围内改变汽车行驶速度和汽车驱动轮上转矩的大小。

② 实现倒档。在发动机旋转方向不变的前提下，利用倒档实现汽车倒向行驶。

③ 切断动力传递，在发动机不熄火的前提下，利用空档中断动力传递，使发动机能够起动和怠速，便于变速器换档和进行动力输出。

3.3.1 手动变速器的基本原理

1. 变速、变矩原理

手动变速器是根据不同齿数的齿轮啮合来实现变速和变矩的。由齿轮传动原理可知，一对齿数不同的齿轮啮合传动，若小齿轮作为主动齿轮带动大齿轮转动时，其输出转速降低、输出转矩增大；若大齿轮作为主动齿轮带动小齿轮转动时，其输出转速增大、输出转矩降低，如图3-3-1所示。

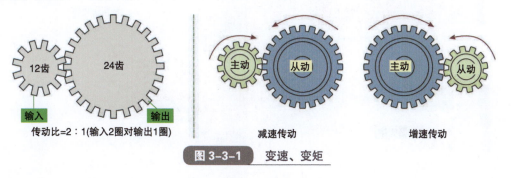

图3-3-1 变速、变矩

2. 倒档原理

根据齿轮传动原理，外啮合的一对齿轮副旋转方向相反，每经过一对外啮合齿轮副，输出轴改变一次转向。例如前进档采用两个外啮合齿轮副来实现反向传动，而倒档则采用3个外啮合齿轮副来实现同向传动，如图3-3-2所示。

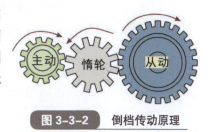

图3-3-2 倒档传动原理

3. 换档原理

普通齿轮手动变速器每次只能以一个档位工作，档位的改变称为换档。换档时，将正在啮合的一对齿轮副分离，再使另一对齿轮副进入啮合，从而使传动比发生变化，实现换档。

3.3.2 手动变速器的结构

手动变速器（Manual Transmission，MT），指必须通过用手拨动变速杆，才能改变传动比的变速器。手动变速器主要由壳体、传动组件（输入输出轴、齿轮、同步器）、操纵组件

（变速杆、换档拨叉）等组成。

大众汽车 5 档手动变速器（型号 02T）结构如图 3-3-3 所示。

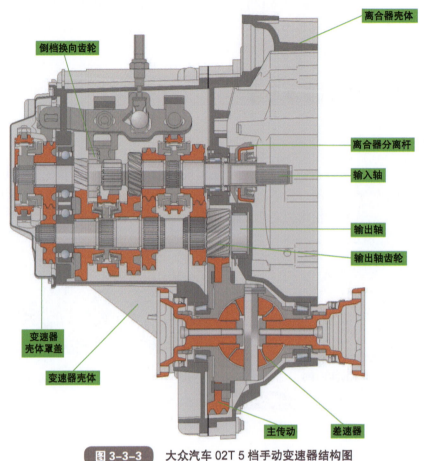

图 3-3-3　大众汽车 02T 5 档手动变速器结构图

1. 输入轴

输入轴连同位于离合器壳体内的一个滚柱轴承（活动轴承）和一个开槽球轴承（固定轴承）安装在变速器壳体内的一个轴承总成上，如图 3-3-4 所示。

1 档、2 档和倒档齿轮连接在输入轴上；3 档、4 档、5 档齿轮是可纵向移动的，并且套在滚柱轴承上运转。

3 档、4 档齿轮和 5 档齿轮的同步器是通过纵向的键槽与输入轴连接的。其中一对齿轮副啮合后，对应的换向齿轮也连接到输入轴，同步器锁环保持齿轮的位置。

2. 输出轴

与输入轴一样，输出轴也安装在变速器壳体的轴承上，为了减轻重量，输出轴是空心的，如图 3-3-5 所示。

3 档、4 档和 5 档齿轮以及 1 档、2 档齿轮的同步器是在旋转的方向上与较小间隙的齿轮连接在输出轴上。

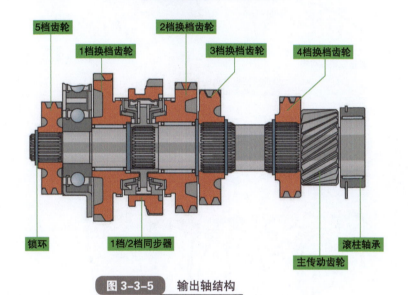

图 3-3-4　输入轴结构

20. 手动变速器结构与原理

21. 变速器的拆解

22. 变速器的安装

图 3-3-5　输出轴结构

1档和2档齿轮是空转齿轮,并套在输出轴的滚柱轴承上转动。

3. 换档操纵机构

手动变速器由接合套轴向移动实现换档,而接合套位于变速器壳体内部,于是设置了专门的换档操纵机构供驾驶员进行换档操作。驾驶员通过换档操纵机构可以准确、可靠地变换各个档位,并且能够随时从任意档位退出到空档。根据变速杆与变速器的远近位置不同,操纵机构分为直接式和间接式,如图3-3-6所示。直接式操纵机构一般用于前置后驱的车辆,间接式操纵机构一般用于前置前驱车辆。

为保证变速器在任何情况下能准确、安全、可靠的工作,变速操纵机构一般都必须设置有安全锁止装置,其主要包括自锁装置,互锁装置和倒档锁装置。

(1) 自锁装置

自锁装置用于防止变速器自动挂档或脱档,每个换档拨叉轴上有3个凹槽,换档时制动器滚子在弹簧的作用下推入凹槽，以防止脱档，并保证以全齿宽啮合，如图3-3-7所示。

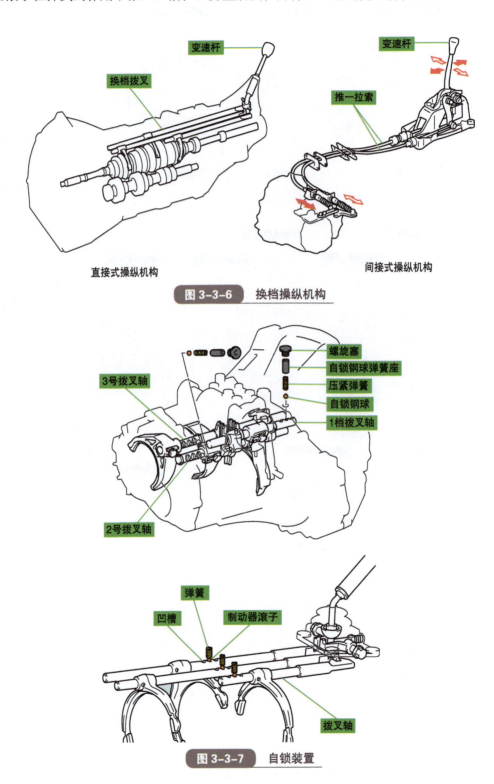

图3-3-6 换档操纵机构

图3-3-7 自锁装置

（2）互锁装置

互锁装置的作用是防止驾驶员同时挂上两个档位，即当驾驶员用变速杆推动某一个拨叉时，自动锁止其他拨叉轴，如图 3-3-8 所示。

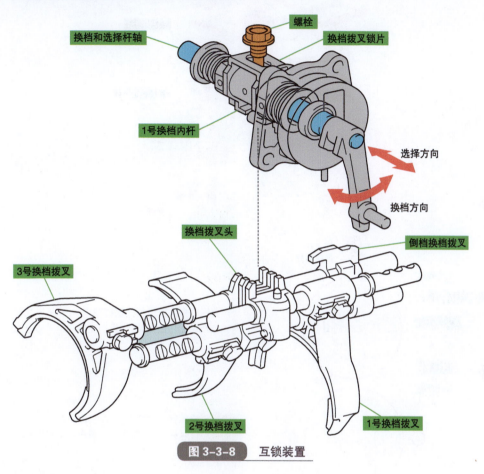

图 3-3-8　互锁装置

（3）倒档锁装置

倒档锁装置用于提醒驾驶员，防止误挂入倒档。大众汽车 02T 手动变速器倒档装置如图 3-3-9 所示。

4. 同步器

变速器在换档过程中，所选档位的待啮合齿轮轮齿线速度必须相等（即同步），才能平顺啮合而顺利挂档。如果两齿轮轮齿线速度不相同而强行挂档，则两齿轮之间会出现冲击，导致齿轮端面磨损，甚至轮齿折断。因此，大多数手动变速器的前进档设置有同步器，它使待接合齿圈与接合套转速同步，保证换档平顺，简化换档操作，以降低驾驶员的劳动强度。

手动变速器目前广泛采用惯性式同步器。根据结构不同，惯性式同步器可分为锁环式同步器和锁销式同步器。锁环式同步器结构如图 3-3-10 所示。

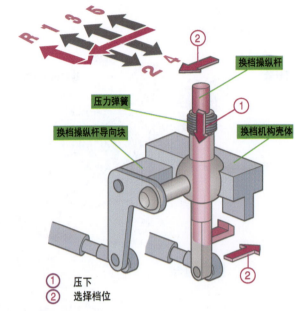

① 压下
② 选择档位

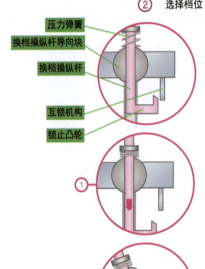

在普通的换入前进档的换档冲击中,换档操纵杆的锁止凸轮抵住锁定装置(换档壳体的组成部分)

当换档操纵杆克服弹簧压下,它向下通过一个球形的换档操纵杆导套;锁止凸轮现在位于互锁机构的下部

在随后的选择倒档的运动中,换档操纵杆可以通过互锁机构以选择倒档

压力弹簧将换档操纵杆向上顶到啮合位置,并保持在倒档位置

图 3-3-9　倒档锁装置

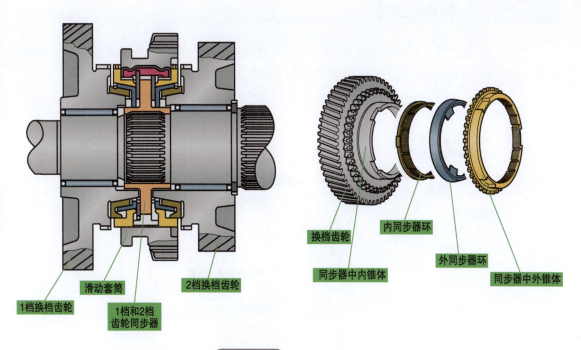

图 3-3-10　锁环式同步器

锁环式同步器工作原理：

惯性式同步器依靠摩擦作用实现同步，它可以从结构上保证接合套与接合齿圈在达到同步之前不可能接触。

换档时，拨叉给接合套轴向作用力，接合套（滑动套筒）先带动滑块移动，滑块顶在锁环的缺口上滑块推动锁环内锥面与待接合齿圈的摩擦锥面产生摩擦力矩，在摩擦力矩的作用下，齿轮升速或降速，同时锁环花键齿相对接合套内花键错开半个齿，滑块被挡住两者的齿端倒角相互抵触，锁止开始。当齿轮与锁环瞬同步时，齿轮与锁环的相对转速为零，惯性力的力矩也随之消失。此时在轴向推力的作用下，接合套与锁环齿圈啮合，进而与待接合齿轮的齿圈啮合，保证换档平顺。

3.4 自动变速器

自动变速器由自动变速器控制模块控制档位变化，驾驶员通常只需要操作加速踏板。它根据发动机负荷、车速等工况的变化自动变换传动系统的传动比，使汽车获得良好的动力性和燃油经济性，同时有效减少发动机排放污染，显著提高车辆行驶的安全性、乘坐舒适性和操纵轻便性。

汽车自动变速器常见的有 4 种形式，分别是液力自动变速器（Hydraulic Automatic Transmissions，AT）、电控液力自动变速器（Automated Mechanical Transmission，AMT）、无级变速器（Continuously Variable Transmission，CVT）、双离合自动变速器（Dual Clutch Transmission，DCT）。

3.4.1 液力自动变速器

液力自动变速器主要由液力变矩器、齿轮变速机构、液压控制装置、换档执行机构等组成,电控液力自动变速器在液力自动变速器的基础上增设电子控制单元,如图3-4-1所示。

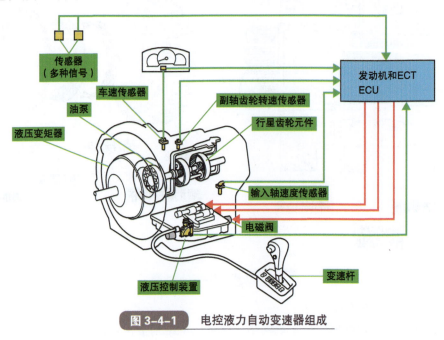

图3-4-1 电控液力自动变速器组成

1. 液力变矩器

液力变矩器主要由泵轮、涡轮、导轮、单向离合器、变矩器壳体等组成,如图3-4-2所示。它是一种将动力从发动机曲轴传递给变速器输入轴的液力传动装置,它能够在发动机和变速器之间提供平稳传递转矩的液力连接。

(1)泵轮

泵轮(图3-4-3)是液力变矩器的输入元件,它与变矩器壳体刚性连接构成一个整体。变矩器壳体通过螺栓紧固到发动机挠性盘上,与发动机曲轴转速相同。

(2)涡轮

涡轮(图3-4-4)是液力变矩器的输出元件,它通过花键连接到变速器输入轴。泵轮使变速器油旋转,变速器油对涡轮叶片产生撞击力,从而使涡轮旋转,涡轮再带动变速器输入轴旋转。

(3)导轮

导轮(图3-4-5)位于泵轮和涡轮之间,带有单向离合器,导轮通过单向离合器单方向固定在导轮轴或导轮套管上,单向离合器使得导轮只能沿与泵轮相同的方向旋转,而不能反向旋转。

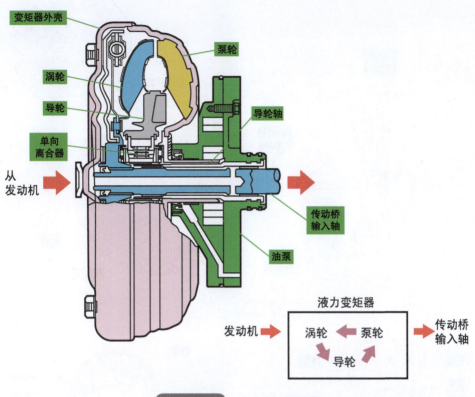

图 3-4-2　液力变矩器组成

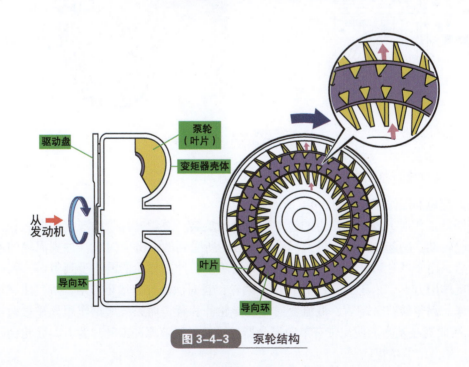

图 3-4-3　泵轮结构

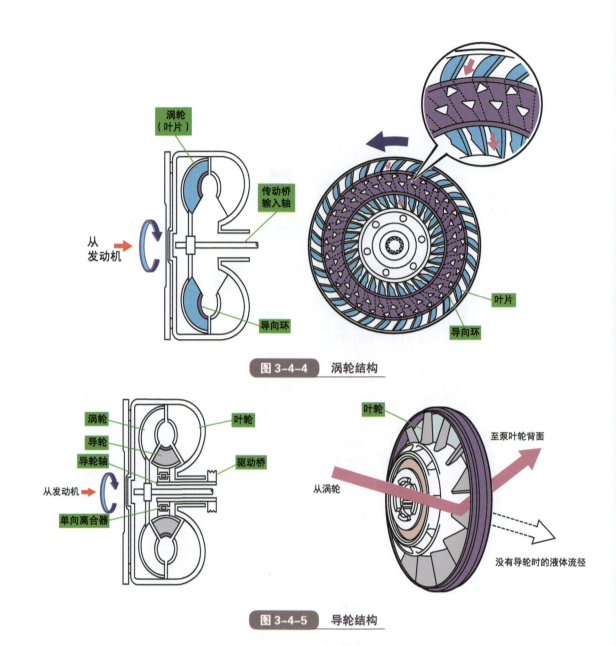

图 3-4-4 涡轮结构

图 3-4-5 导轮结构

（4）液力变矩器工作原理

液力变矩器工作原理如图 3-4-6 所示。

变矩器工作时，发动机产生的转矩带动泵轮旋转，泵轮叶片带动液流冲向涡轮，从而驱动涡轮转动。刚起步时转矩最大，设此时涡轮所受到的冲击力为 F_1。冲到涡轮的液流驱动涡轮后，由于叶片形状，冲向导轮，而导轮不动，冲击导轮的液流受到阻碍，因此使涡轮受到反作用力 F_2，由于 F_1、F_2 都作用于涡轮，且对涡轮都起增矩作用，所以使涡轮所受转矩倍增。涡轮转速升高后，液流变向冲击导轮叶片背，而失去增矩作用，并对涡轮产生阻力。因此现在基本上使用带有单向离合器的导轮，当液流冲击叶片背时，导轮会转过一个角度，使其继续增矩。

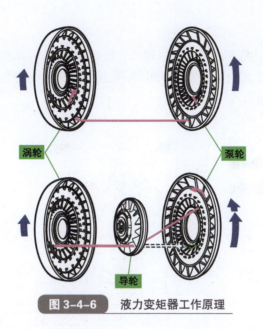

图 3-4-6　液力变矩器工作原理

（5）带锁止离合器的液力变矩器

液力变矩器是用液力来传递汽车动力的，但变速器油的内部摩擦会造成一定的能量损失，因此传动效率较低。现代轿车多采用一种带锁止离合器的综合式液力变矩器，用机械的方式直接连接导轮和泵轮，如图 3-4-7 所示。

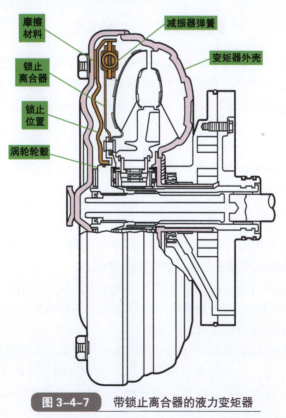

图 3-4-7　带锁止离合器的液力变矩器

工作过程：

当汽车在不稳定的工况下行驶时（如起步、经常加减速），压缩液体（变矩器压力）流到锁止离合器前面，锁止离合器的前面和后面压力相等，锁止离合器分离，相当于普通液力变矩器，如图 3-4-8 所示。

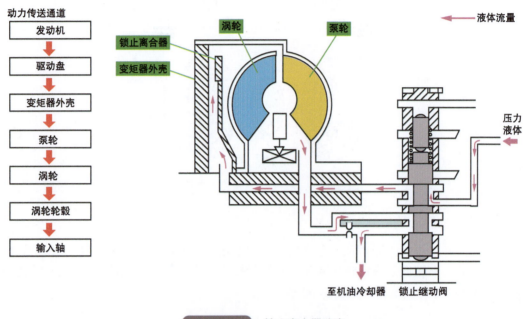

图 3-4-8　锁止离合器分离

当汽车在稳定工况下行驶时，压缩液体留置在离合器后面，锁止离合器与变矩器外壳直接连接，动力不经液力传动，直接通过机械传动，变矩器效率为 100%。动力传动路线：发动机→变矩器壳体→锁止离合器压盘→减振器→从动盘→齿轮变速机构输入轴。

2. 齿轮变速机构

一个或一个以上齿轮除绕自身轴线自转外，还绕另一齿轮的固定轴线回转的齿轮传动方式，称为行星齿轮传动。

（1）行星齿轮组

简单的行星齿轮组由齿圈、太阳轮、行星轮和行星架组成，如图 3-4-9 所示。它的结构紧凑，可以简单、高效地实现变速器各个档位动力的传递。

① 齿圈位于齿轮组最外面，内侧有齿且与行星架上的行星轮啮合。
② 太阳轮位于齿轮组中心，外侧有齿且与行星架上的行星轮啮合。
③ 行星轮介于太阳轮与齿圈之间。
④ 行星架是支承行星轮的金属架，其上的行星轮与太阳轮和齿圈啮合。

在简单行星齿轮组中，以单排单级为例，太阳轮、齿圈、行星架 3 个元件中的任意一个固定，另外两个中的任意一个作为输入或输出元件，可以实现不同的传动方式，而如果将 3 个元件中的任意两个刚性连接，锁定在一起作为输入，另一个作为输出，则可以实现直接传动。行星齿轮组的减速、加速和倒档（反向）时的传动路线分别如图 3-4-10～图 3-4-12 所示。

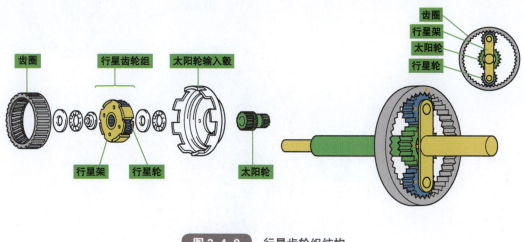

图 3-4-9　行星齿轮组结构

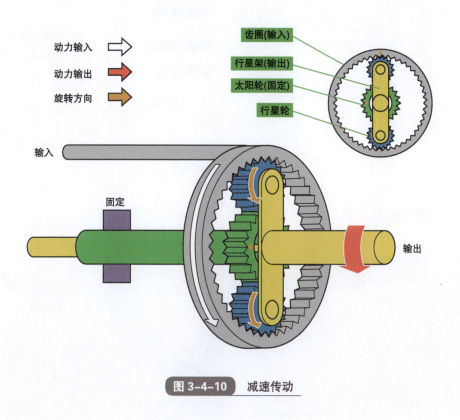

图 3-4-10　减速传动

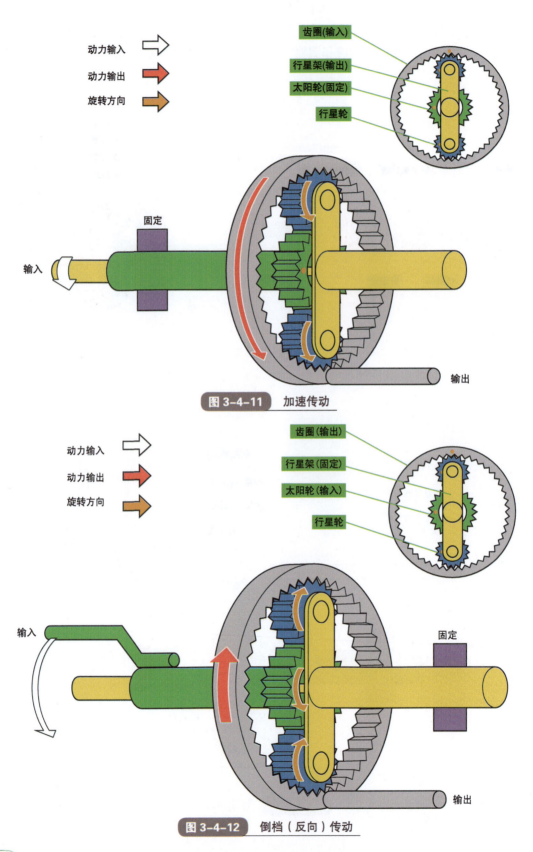

图 3-4-11　加速传动

图 3-4-12　倒档（反向）传动

(2) 复合式行星齿轮机构

在自动变速器上应用较多的复合式行星齿轮机构有辛普森式和拉维娜式。

辛普森式行星齿轮机构是由两排行星齿轮机构共用一个太阳轮组成的复合式行星齿轮机构。

拉维娜式行星齿轮机构如图 3-4-13 所示,由一个前单行星轮排和一个后双行星轮排组合而成。大太阳轮、长行星轮、行星架和齿圈共同组成一个单行星轮式行星排;小太阳轮、短行星轮、长行星轮、行星架和齿圈共同组成一个双行星轮式行星排。

23. 自动变速器的结构与原理

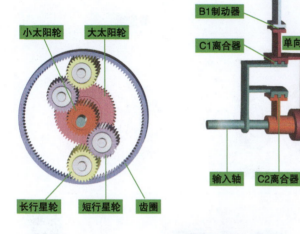
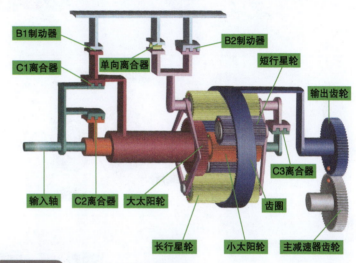

图 3-4-13 拉维娜式行星齿轮机构

3. 换挡执行机构

变速器中的所有齿轮都处于常啮合状态,因此挡位变换的实现必须通过以不同方式对行星齿轮机构的基本元件进行约束来完成(即固定或者连接某些基本元件)。对这些基本元件实施约束的机构,就是变速器的换挡执行机构。换挡执行机构主要有离合器、制动器和单向离合器 3 种。

(1) 离合器

自动变速器中使用的离合器为多片离合器,多片离合器由摩擦片、钢片、离合器活塞、离合器毂、卡环等组成,如图 3-4-14 所示。多片离合器能承受较大的转矩。活塞通过回位弹簧回位,回位弹簧由卡环定位。多片离合器中的钢片和摩擦片交替安装,摩擦片的两面有摩擦材料,而钢片两面光滑,没有摩擦材料。也有部分变速器的多片离合器采用单面带摩擦材料的摩擦片,即它一面带有摩擦材料,另一面则是光滑的钢片。

(2) 单向离合器

单向离合器的作用是使某元件只能按一定的方向转动,在另一个方向上锁止。单向离合器除用于变矩器的导轮外,还用于齿轮机构中。齿轮机构中的单向离合器又称作"超越离合器",用来实现转矩的单向传递。单向离合器具

24. 自动变速器的拆卸和检测

有较高的灵敏度,可瞬间锁止(或解除锁止),提高了换档时机的准确性。单向离合器的结构如图 3-4-15 所示。

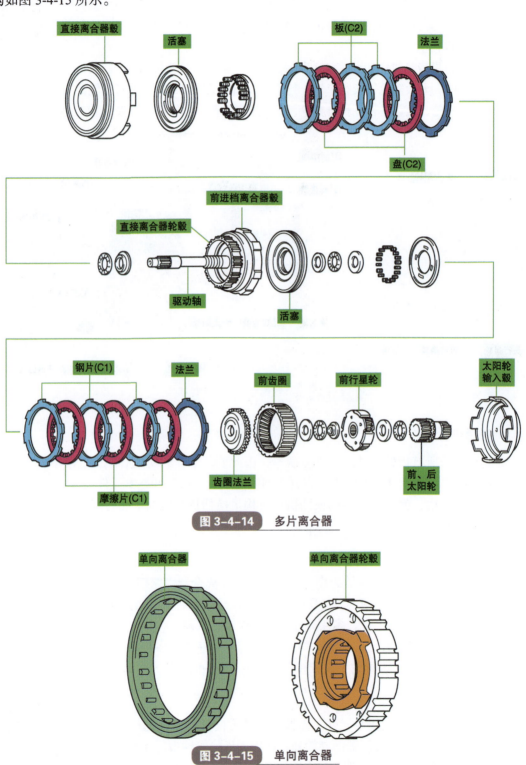

图 3-4-14　多片离合器

图 3-4-15　单向离合器

（3）制动器

制动器的作用是将行星齿轮机构中的某一元件与变速器壳体相连，使该元件受约束而固定。在自动变速器中常用的制动器有片式制动器和带式制动器两种。改良后的辛普森行星齿轮机构用片式制动器代替了带式制动器。片式制动器结构如图3-4-16所示，与湿式多片离合器结构基本相同，其工作平顺性较好，还能通过增减摩擦片的数量来满足不同排量发动机的要求。带式制动器由制动带及其伺服装置（控制液压缸）组成，如图3-4-17所示。

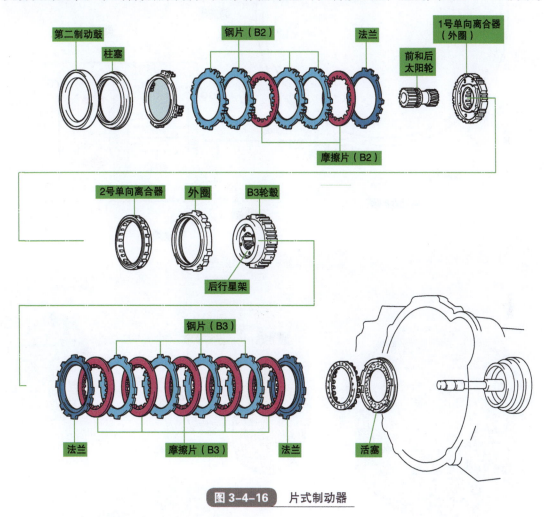

图 3-4-16　片式制动器

4. 液压控制装置

自动变速器的自动控制主要是依靠液压控制来完成的。它主要由动力源（液压泵）、执行机构（离合器、制动器的液压缸）、控制机构组成。

（1）液压泵

液压泵是一个供能装置，提供自动变速器正常工作所需的油压。它通常安装在变矩器的后方，由变矩器毂上的键驱动。有些变速器的液压泵与液力变矩器以及变速器的输入轴不是同轴安装的，它们由变矩器通过链条来驱动，液压泵的外观和结构如图 3-4-18 所示。发动机曲轴通过挠性盘与液力变矩器相连，而液力变矩器通过毂上的键与液压泵驱动齿轮或链轮相连。

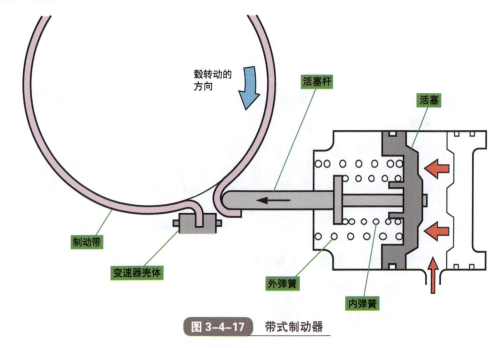

图 3-4-17　带式制动器

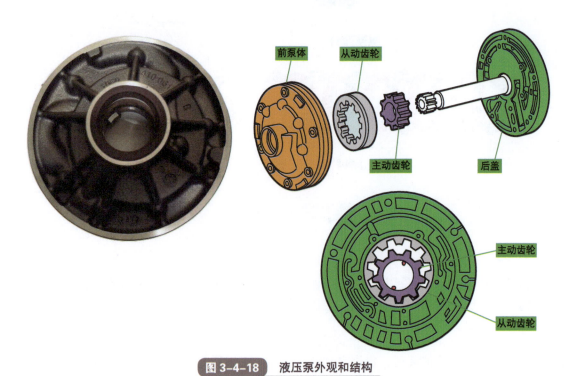

图 3-4-18　液压泵外观和结构

(2) 控制机构

控制机构由主调压阀、手动阀、换档阀，离合器控制阀等组成，集中安装在自动变速器阀体上，如图 3-4-19 所示。

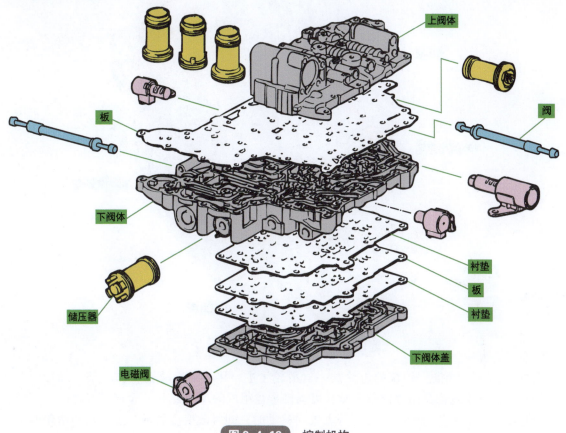

图 3-4-19　控制机构

主调压阀的作用是精确调节液压泵的输出油压，该压力即为自动变速器的主油压，是自动变速器内所有离合器、制动器的工作油压，是所有其他控制压力的压力源。

手动阀是安装于控制系统阀板总成中的多路换向阀，驾驶员通过操纵变速杆带动手动阀移动。它的作用是根据变速杆位置的不同，依次将管路油压导入相应各档油路。

换档阀是根据节气门开度或车速变化，自动进行换档的部件。

3.4.2　无级变速器

无级变速（CVT）是指可以连续获得变速范围内任何传动比的变速系统。通过无级变速可以得到传动系与发动机工况的最佳匹配。传动比是连续的，不会产生跳跃换档现象，因此动力传输顺畅。金属带式无级变速器如图 3-4-20 所示，主要由金属带、主、从动工作滑轮、液力泵、控制装置等组成。

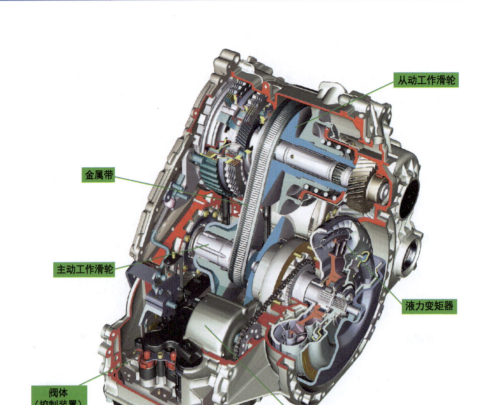

图 3-4-20　金属带式无级变速器

在 CVT 传动系统，传统的齿轮被一对滑轮（主、从动工作滑轮）和一条金属带所取代，每个工作滑轮都是由固定锥形盘和可动锥形盘组成的 V 形结构。金属带在槽内与工作滑轮相啮合。当工作滑轮的可动部分做轴向移动时，即可改变金属带与主、从动滑轮的工作半径，从而改变金属带传动的传动比。主、从动工作滑轮的可动部分的轴向移动是根据汽车的行驶工况，通过液压控制系统进行连续的调节而实现无级变速传动的，如图 3-4-21 所示。

它的动力传递路线是：发动机发出的动力经飞轮、离合器、主动工作滑轮、金属带、从动工作滑轮后，传给中间减速器，再经主减速器与差速器，最后传给驱动车轮。

3.4.3　双离合器变速器

双离合器变速器可以形象地设想为将两台变速器的功能合二为一，并建立在单一的系统内。变速器内含两台自动控制的离合器，由电子控制及液压推动，能同时控制两组离合器的运作，结构形式如图 3-4-22 所示。当变速器运作时，一组齿轮啮合，而接近换档之时，下一组档位的齿轮已被预选，但离合器仍处于分离状态；当换档时一台离合器将使用中的齿轮分离，同时另一台离合器啮合已被预选的齿轮，在整个换档期间能确保最少有一组齿轮在输出动力，令动力不会出现间断的状况。

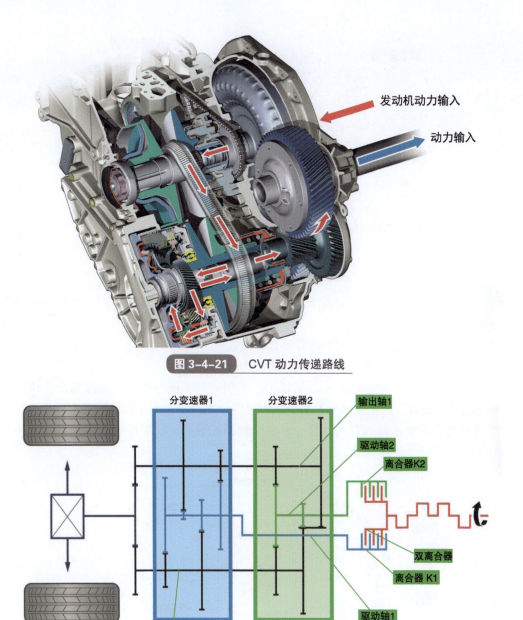

图 3-4-21 CVT 动力传递路线

图 3-4-22 双离合器变速器结构形式

1. 双离合器

目前,常用的双离合器有干式和湿式两种。干式双离合器结构相对简单,但长时间工作会产生过热,降低运行的可靠性。湿式双离合器的离合器片浸在变速器油液中,可以更好地散热,工作可靠性高,但结构相对复杂。

干式双离合器由两套类似于手动变速器的离合器装置组件组装在一起,两个离合器摩擦片、两个压盘、两个离合器分离杆。干式双离合器的结构如图 3-4-23 所示。

图 3-4-23　干式双离合器构造

干式双离合器中有两个独立的干式离合器在工作。它们各自将转矩传输给每个分变速器。可能有两种离合器位置：

◆ 发动机停机和怠速时，两个离合器都分离。
◆ 行驶过程中，两个离合器中总是只有一个结合。

离合器通过花键与变速器的输入轴相连。磨损后自动进行调整。通过离合器执行器将带有离合轴承的分离杆压在蝶形弹簧上，从而将各个离合器盘压在旋转着的主动轮上。

湿式双离合器变速器的双离合器一直在变速器油液中运转。湿式双离合器的结构如图 3-4-24 所示。

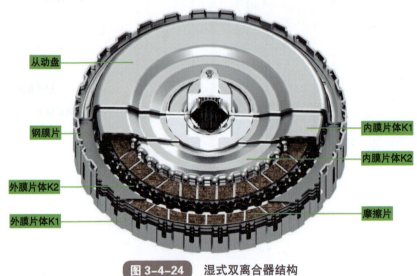

图 3-4-24　湿式双离合器结构

通过从动盘将发动机转矩传递到位于每个外膜片体处的两个离合器上。外膜片体与膜片式离合器的主轮毂相焊接，因此始终可以实现动力啮合。

每个离合器单元都是由钢膜片和摩擦片组成，通过动力啮合，它可以将转矩传递到离合器 K1 或者离合器 K2 的内膜片体上。这些钢膜片与离合器的外膜片体紧密地连接在一起，摩擦片与内膜片体也是如此。膜片单元由液压力压合在一起，它将内膜片体的转矩通过啮合齿传递到相应的驱动轴上。

离合器 K1 的内膜片体和驱动轴 1 相连，离合器 K2 的内膜片体和驱动轴 2 相连。

2. 输入轴（以大众 DQ380、DQ500 双离合器为例）

双离合器变速器有两根输入轴，分别为两个分变速器提供动力输入。输入轴 2 是中空的，输入轴 1 穿过中空的输入轴 2 运转。

输入轴与离合器之间通过啮合齿相连。它根据挂入的档位将发动机转矩传递给输出轴。每根轴上都有滚动轴承，通过滚动轴承可将驱动轴导入外壳内，输入轴具体结构如图 3-4-25 所示。

图 3-4-25　输入轴结构

输入轴 1 和离合器 K1 通过啮合齿相连。通过离合器可以在 1 档、3 档、5 档和 7 档之间切换。为了获取驱动轴的转速，在此轴上装有用于驱动轴转速传感器的传感器轮，输入轴 1 的结构如图 3-4-26 所示。

图 3-4-26　输入轴 1 结构

输入轴 2 是空心轴。它与离合器 K2 通过啮合齿相连。通过输入轴器可以实现 2 档、4 档、6 档和倒档之间的切换。为了获取输出轴的转速，在此轴上装有用于输入轴转速传感器的传感器轮，输入轴 2 结构如图 3-4-27 所示。

图 3-4-27　输入轴 2 结构

3. 输出轴（以大众 DQ380、DQ500 双离合器为例）

在变速器外壳内有两根输出轴。根据所挂入的档位，发动机档矩由驱动轴传递到输出轴上。每一根输出轴上都有滑动齿轮，借助它可将档矩通过从动齿轮传递给车轴驱动装置的圆柱齿轮。

在输出轴 1 上安装有：第 1 档、4 档、5 档和倒档的从动齿轮、1 档和倒档的同步器（三倍同步器）、4 档和 5 档的同步器（单倍同步器）、驻车制动器轮等，输出轴 1 结构如图 3-4-28 所示。

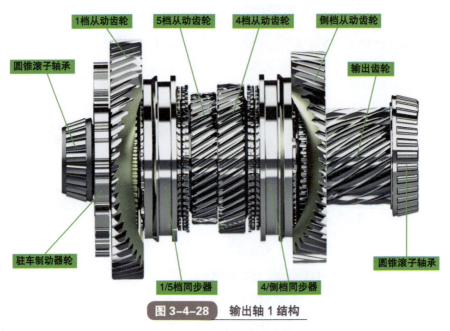

图 3-4-28　输出轴 1 结构

在输出轴 2 上安装有：2 档、3 档、6 档和 7 档的滑动齿轮、2 档和第 3 档的同步器（三倍同步器）、第 6 档和第 7 档的同步器（单倍同步器），输出轴 2 的结构如图 3-4-29 所示。

图 3-4-29 输出轴 2 结构

3.5 万向传动装置

万向传动装置用于实现轴线相交或相对位置经常变化的转动轴之间的动力传递,主要由万向节和传动轴组成。

3.5.1 万向节

万向节是转动轴与转动轴之间实现变角度传递动力的核心部件,车辆的传动轴和转向驱动桥上都安装有万向节。目前常用的万向节有十字轴式万向节、球笼式万向节等。

1. 十字轴式万向节

十字轴式万向节是一种不等速万向节,是指万向节连接的两轴存在夹角时,输出轴与输入轴之间以变化的瞬时角速度比传动动力,但平均角速度相等的万向节。它由一个十字轴、两个万向节叉和四个滚子轴承、轴向定位键等组成,如图 3-5-1 所示。当主动轴旋转时,从动轴既可以随之转动,也可以绕十字轴中心向任意角度摆动。十字轴式万向节在发动机前置后轮驱动的汽车传动系统中应用最为广泛。它的结构简单,传动效率高,生产成本也较低,允许相邻两转动轴之间的最大夹角为 15°~20°。

2. 球笼式万向节

球笼式万向节是一种等速万向节,是指输出轴与输入轴之间始终以相等的瞬时角速度传递动力的万向节。球笼式万向节按主、从动叉在传递转矩过程中轴向是否产生位移分为固定型球笼式万向节(RF 型)和伸缩型球笼式万向节(VL 型)。

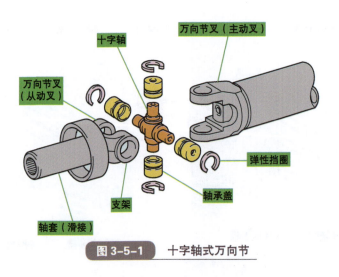

图 3-5-1　十字轴式万向节

（1）固定型球笼式万向节

固定型球笼式万向节由 6 个传力钢球、星形套（内滚道）、球笼外壳（外滚道）和保持架（球笼）等组成，如图 3-5-2 所示。星形套与主动轴用花键固接在一起，传力钢球分别位于 6 条由星形套和球形壳形成的凹槽内，由保持架使其保持在同一平面内。球笼式万向节工作时，动力由主动轴、钢球、球形壳输出，无论传动方向如何，6 个钢球全部传力，承载能力强。它广泛应用在前置前驱汽车传动系统中。

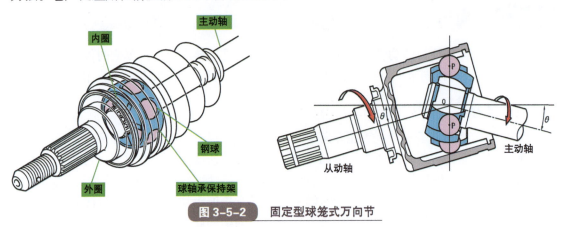

图 3-5-2　固定型球笼式万向节

（2）伸缩型球笼式万向节

伸缩型球笼式万向节结构与固定型球笼式相近，其基本结构如图 3-5-3 所示。伸缩型球笼式万向节的内、外滚道采用圆筒形，在传递转矩过程中，星形套与钟形壳可以沿轴向相对移动，故可省去其他万向传动装置中必须有的滑动花键。这不仅使结构简化，而且由于星形套与钟形壳间的轴向相对移动是通过钢球沿内、外滚道滚动来实现的。因此，与滑动花键相比，其阻力小，最适用于断开式驱动桥。

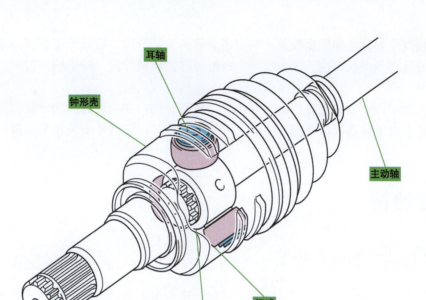

图 3-5-3　伸缩型球笼式万向节

3.5.2　传动轴

连接变速器与驱动桥的传动轴部件，由传动轴及其两端焊接的花键轴以及万向节叉组成，如图 3-5-4 所示。

传动轴有空心和实心之分。在发动机前置后轮驱动的车辆上，传动轴通常用于变速器与驱动桥之间的动力传递。为减轻重量，获得较高的强度、刚度以及临界转速，传动轴多制成空心的。在发动机前置前轮驱动的车辆上，变速器、主减速器及差速器直接组合在一起，传动轴一般制成实心安装在差速器和驱动轮之间，此传动轴也称为半轴（驱动轴），它具有长度较短、转速低、传递转矩大等特点。

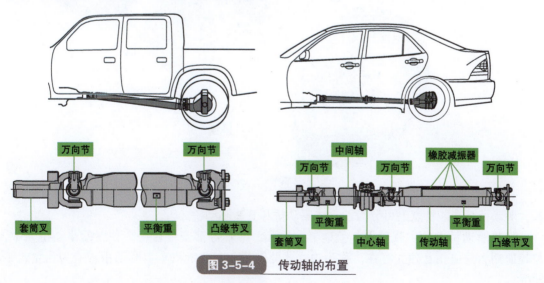

图 3-5-4　传动轴的布置

若连接两个部件之间距离较长，一般需要将传动轴分段。有时为了提高传动系统的弯曲刚度，改善弯曲振动特性，减小噪声，也需要将传动轴分段。传动轴分段时，需要加上中间支撑。

中间支撑对传动轴起支撑作用，并能补偿传动轴轴向和角度方向的安装误差，以及汽车行驶过程中由于发动机窜动或车架变形等引起的位移。它通常安装在车架横梁或车身底架上。

3.6 驱动桥

3.6.1 驱动桥组成及分类

驱动桥位于汽车传动系统的最终传动部分，主要由主减速器、差速器、半轴、驱动桥壳等组成，其作用是将发动机输出的转矩通过主减速器、差速器、半轴等传到驱动车轮，实现降低转速、增大转矩及两侧车轮差速等功能。典型的发动机前置前轮驱动式驱动桥如图 3-6-1 所示。

图 3-6-1　驱动桥

驱动桥从功能特点上可分为独立式驱动桥和变速驱动桥。

如果驱动桥中的主减速器、差速器和桥壳、半轴等都安装在一个独立的驱动桥壳中，与其他动力总成相互独立存在，称为独立式驱动桥，在载货汽车上驱动桥普遍为独立式驱动桥。

前置前驱的轿车通常把变速器和驱动桥两个动力总成合为一体，布置在一个壳体内，变速器输出轴也就是主减速器的输入轴，此种驱动桥称为变速驱动桥。发动机、变速器、主传动器和差速器组成一体式传动，省去了传动轴，缩短了传动路线，提高了传动系统中的机械效率。在这种一体式传动系统中，它同时完成变速、差速和驱动车轮等功能。变速驱动桥不仅使结构紧凑，也大大减轻了传动系统的质量，有利于汽车底盘的轻量化。

3.6.2 主减速器

主减速器的作用是将输入的转矩增大并相应降低转速，且可根据需要改变转矩的方向。主减速器有单级式和双级式之分。

1. 单级主减速器

单级主减速器只有一对锥齿轮传动，它具有结构简单、重量轻、体积小及传动效率高等特点，如图 3-6-2 所示。

图 3-6-2　单级主减速器

2. 双级主减速器

当主减速器要求较大的传动比时，单级主减速器已不能保证足够的离地间隙，这时需要使用由两对齿轮传动的双级主减速器。

3.6.3 差速器

差速器的功用是将主减速器传来的动力传给左、右两半轴，并在必要时允许左、右两半轴以不同转速旋转，使左右车轮相对地面纯滚动而不是滑动。差速器结构如图 3-6-3 所示。两个侧齿轮通过半轴与车轮相连，行星架与从动锥齿轮连接，从动锥齿轮通过主动齿轮与传动轴连接。

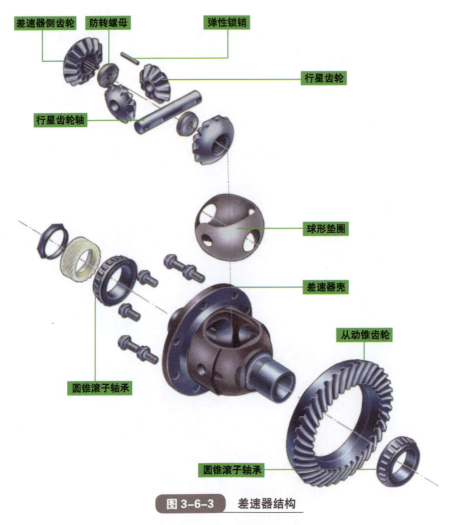

图 3-6-3　差速器结构

差速器工作原理：

当转弯时，由于外侧车轮有滑拖的现象，内侧车轮也有滑转的现象。两个驱动轮此时就会产生两个方向相反的附加力，导致两边车轮的转速不同，从而破坏了三者的平衡关系，并通过半轴传递到半轴齿轮（侧齿轮）上，迫使行星齿轮产生自转，使内侧半轴转速减慢，外侧半轴转速加快，从而实现两边车轮转速的差异。

传动轴传来的动力通过主动齿轮传递到从动锥齿轮上，从动锥齿轮带动行星齿轮轴一起旋转，同时带动侧齿轮转动，从而推动驱动轮前进。

当车辆直线行驶时，左右两个轮受到的阻力一样，行星齿轮不自转，把动力传递到两个半轴上，这时左右车轮转速一样（相当于刚性连接）。

当车辆转弯时，内侧车轮会产生更大的阻力，两侧半轴受力不同会使得中间的行星齿轮产生自转，两侧半轴就会产生转速差，外侧比内侧车轮转得更快，这样车辆便能顺利转弯。

3.6.4 半轴

半轴是差速器与驱动轮之间传递转矩的实心轴，其内端一般通过花键与差速器的半轴齿轮（侧齿轮）的连接，外端以凸缘与驱动轮的轮毂连接，如图3-6-4所示。另外，发动机前置前轮驱汽车的两个传动轴也称为半轴。

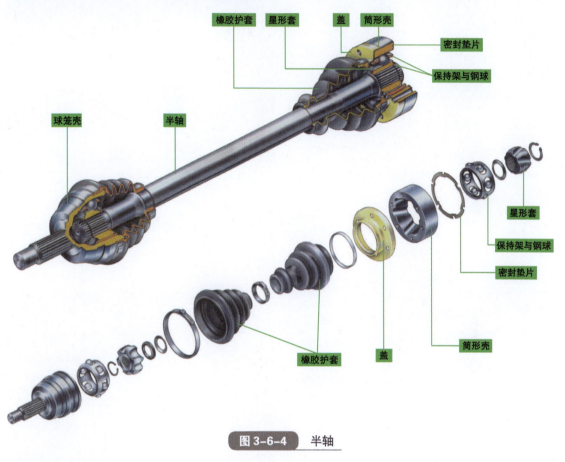

图 3-6-4　半轴

3.6.5 桥壳

驱动桥壳用以支撑并保护主减速器、差速器及半轴等，与从动桥一起支撑车架及其上的各总成质量，并承受汽车行驶时由车轮传来的各种反力及力矩，经悬架传给车架。桥壳有整体式和分段式两种。

第 4 章

汽车行驶系统

Chapter 4

4.1	汽车行驶系统总体构成	122
4.2	车身（车架）	122
4.3	车桥和车轮	123
4.4	悬架	129

4.1 汽车行驶系统总体构成

汽车行驶系的作用是接收发动机传来的转矩，并通过驱动轮与路面的附着作用产生驱动力；承受汽车的总质量；传递并承受路面作用于车轮上各方向的反力及其力矩；减少不平路面对车身的冲击和振动，保证汽车平顺行驶。

它一般由车身（车架）、车桥、车轮及悬架等部分组成，如图4-1-1所示（车身部分未给出）。四个车轮分别支撑着前桥和后桥，车桥又通过弹性悬架与车架相连接。车身（车架）是整个汽车的基体，它将汽车的各相关总成连接成一个整体，构成汽车的装配基础。

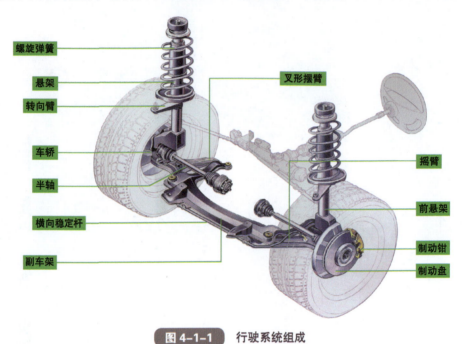

图 4-1-1　行驶系统组成

4.2 车身（车架）

车身（车架）是全车装配与支撑的基础。它将汽车的各部件连接成一个整体，并支撑整车的质量。车身（车架）一般需要具有足够强度和合适的刚度。按照车身受力情况可分为承载式车身和非承载式车身两种。

4.2.1　承载式车身

承载式车身用车身兼做车架，汽车所有的零部件、总成都安装在车身上，所有作用力由车身承受。它由钢或铝经冲压、焊接而成，成型的车身是个带有乘员舱、发动机舱和底板的骨架，如图4-2-1所示。承载式车身无论在安全性还是在稳定性方面都有很大的提高，同时具有质量小、高度低、装配容易等优点，因此大部分轿车采用这种车身结构。

25. 汽车底盘行驶系统

图 4-2-1　承载式车身

4.2.2　非承载式车身

非承载式车身的汽车有一个刚性车架，又称底盘大梁架，如图 4-2-2 所示。在非承载式车身中发动机、传动系统的一部分、车身等总成部件都是用悬架装置固定在车架上的，车架通过前后悬架装置与车轮连接。车架使各总成在汽车复杂多变的行程中保持相对正确的位置，并承受汽车内外的各种载荷。非承载式车身比较笨重，质量大，高度高，一般用在货车、客车和越野车上，也有部分高级轿车使用。

图 4-2-2　非承载式车身

车架的类型主要有边梁式车架、中梁式车架、综合式车架和无梁式车架四种，其中边梁式车架应用最广。

边梁式车架（图 4-2-2）由两根纵梁和若干根横梁构成。纵梁和横梁之间通过铆接或焊接的方法连接起来。这种车架结构简单、便于安装驾驶舱、乘员舱及某些特种设备。

4.3　车桥和车轮

车桥通过悬架与车架（或承载式车身）相连，两端安装车轮，如图 4-3-1 所示。车桥的功用是传递车架（或承载式车身）与车轮之间各方向的作用力及其产生的力矩。

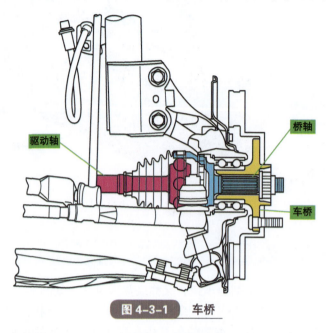

图 4-3-1　车桥

4.3.1　车桥的分类

车桥根据悬架结构形式不同，分为整体式车桥和断开式车桥，分别如图 4-3-2 和图 4-3-3 所示。整体式车桥的中部是刚性实心架或空心架，多配用非独立悬架。断开式车桥为活动关节式结构，一般与独立悬架配合使用。

图 4-3-2　整体式车桥　　　　　　　图 4-3-3　断开式车桥

按照用途的不同，车桥又可分为转向桥、驱动桥、转向驱动桥和支持桥 4 种类型。

1. 转向桥

转向桥可以通过转向节的摆动带动车轮偏转一定的角度以实现汽车转向。它承受车轮与车架之间的垂直载荷、纵向的道路阻力、制动力和侧向力，以及由这些力所形成的力矩。

汽车转向桥的结构大致相同，如图 4-3-4 所示。汽车转向是通过使前轮绕主销偏转一定角度实现的。转向桥通常位于汽车前部，因此也常称为前桥。

2. 驱动桥

驱动桥的组成及作用已在第 3 章的 3.6 节进行了较为详细的讲解。

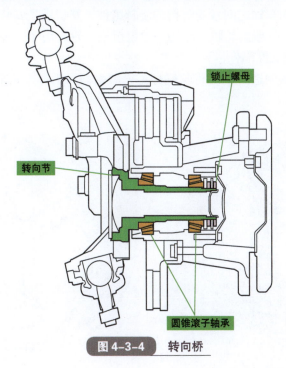

图 4-3-4 转向桥

3. 转向驱动桥

转向驱动桥既能转向还能起驱动作用。它与普通驱动桥一样具有主减速器、差速器及半轴等部件，但由于转向时车轮需要绕主销偏转一定的角度，因此与转向轮相连的半轴必须分成内外两段（内半轴和外半轴），其间用万向节（一般多用等速万向节）连接，同时主销也因而制成上下两段。转向节轴颈部分制成中空的，以便外半轴穿过其中。前置前驱汽车的前桥为转向驱动桥，多与麦弗逊式独立悬架配合使用，因其前轮内侧空间较大，便于布置，具有良好的接近性，维修方便，所以被广泛采用。

4. 支持桥

支持桥通常只起支撑和固定悬架、制动件、车身等总成的作用，无驱动和转向功能，属于从动桥。发动机前置前驱动轿车的后桥属于支持桥，挂车上的车桥也是支持桥。汽车支持桥的结构简单，主要由后轴及轮毂等部分组成。

4.3.2 车轮与轮胎

车轮与轮胎又称车轮总成，位于车身（车架）与路面之间，是汽车行驶系统中的重要部件。车轮与轮胎的主要功用是：支承汽车及其装载质量；缓冲车轮受路面不平引起的冲击振动，提高汽车通过性；传递轮胎与路面之间的各种力和力矩；抵抗侧滑并能产生回正力矩，保证汽车正常的转向及行驶。

1. 车轮

车轮是介于轮胎和车轴之间承受负荷的旋转组件，其功用是安装轮胎，承受轮胎与车桥之间的各种载荷。它一般由轮辋、轮辐和轮毂组成。轮辋用于安装和固定轮胎，轮辐是介于车轴和轮辋之间的支撑部分。

目前，根据轮辋的制造材料可将轮辋分为钢制轮辋和铝合金轮辋两类，如图 4-3-5 所示。

a)　　　　　　　　　　　　　　　　　　　　b)

图 4-3-5　钢制轮辋和铝合金轮辋

a）钢制　b）铝合金

钢制轮辋为了减轻重量，改善制动装置的冷却，车轮上通常开有多个孔洞。钢制轮辋制造简单，适宜大批量生产，但较容易变形，多应用于低端车型。

因铝合金的导热系数是钢的 3 倍，因此铝合金轮辋在车速较高时也能保持轮胎在适当的温度，使轮胎不易老化，增加轮胎寿命，降低爆胎风险。铝合金轮辋还具有质量轻、耐冲击、抗变形力较高等优点，可有效减少路面冲击产生的轮辋变形。且铝合金轮辋可设计得更加造型新颖、形状美观、光泽鲜亮，增加了汽车的美感。

2. 轮胎

轮胎与地面之间的摩擦力决定了汽车的操纵性。轮胎的组成、结构和使用条件是影响汽车转向、悬架、车轮定位和制动系统的最重要方面。轮胎按组成结构不同，可分为有内胎轮胎和无内胎轮胎（又称真空胎）两种；按胎体中帘线排列的方式不同，可分为普通斜交轮胎（图 4-3-6）和子午线轮胎（图 4-3-7）。

26. 车轮螺钉的拆装与更换

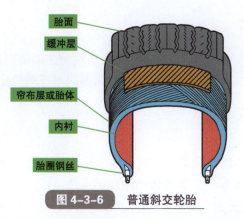

图 4-3-6　普通斜交轮胎

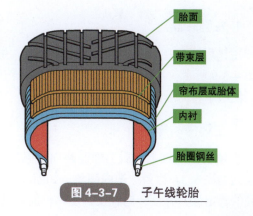

图 4-3-7　子午线轮胎

（1）有内胎轮胎

有内胎轮胎一般由外胎、内胎和垫带组成。内胎是一个环形的橡胶管，上面装有气门嘴，以便充入或排出空气。垫带是一个环形的橡胶带，它垫在内胎与轮辋之间，以保护内胎不被轮辋和胎圈磨伤。有内胎轮胎在汽车上已不再使用。

27. 轮胎的拆装与换位

（2）无内胎轮胎

无内胎轮胎在结构和外观上与有内胎轮胎相似，不同的是它没有内胎，如图 4-3-8 所示。空气被直接压入外胎中，因此要求外胎和轮辋之间有很好的密封性。无内胎轮胎的外胎内壁上附加了一层橡胶密封层以保持密封性。

（3）子午线轮胎

子午线轮胎的组成如图 4-3-7 所示，它以带束层箍紧胎体。子午线轮胎的特点是：

① 帘线排列的方向与轮胎的子午断面一致，使帘线的强度能得到充分利用，子午线轮胎的帘布层数一般比普通斜交轮胎减少一半，胎体较柔软，弹性好。

② 帘布层帘线与胎面中心线成 90° 角，帘线在圆周方向上只靠橡胶来连接，为了承受行驶时产生的较大切向力，子午线轮胎具有若干层帘线与子午断面形成大角度（交角为 70°～75°）、高强度、不易拉伸的周向环形的类似缓冲层的带束层。

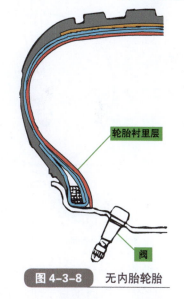

图 4-3-8　无内胎轮胎

4.3.3　车轮定位

为了保证汽车直线行驶的稳定性，应使转向轮有自动回正作用，即当转向轮因偶遇外力作用而发生偏转时，一旦作用其上的外力消失后，转向轮应能立即自动回到原位。这种自动回正作用是由转向轮、主销和前轴之间的安装位置，也就是转向轮的定位参数来保证的。这些转向轮的定位参数有主销后倾角、主销内倾角、前轮外倾角和前轮前束。

1. 主销后倾角

主销后倾角在汽车的纵向垂直平面内，主销轴线与垂直线之间的夹角称为主销后倾角，如图4-3-9所示。主销后倾角的作用是保证汽车直线行驶的稳定性，确保形成回正的稳定力矩，使汽车转向后能使转向轮自动回正。

2. 主销内倾角

主销装在前轴上，后上部还略向内倾斜一个角（即主销轴线和地面垂直线在汽车横向断面内的夹角），称为主销内倾角，如图4-3-10所示。主销内倾角的作用也是保证汽车直线行驶的稳定性，并使转向轻便，使车轮能自动回正。

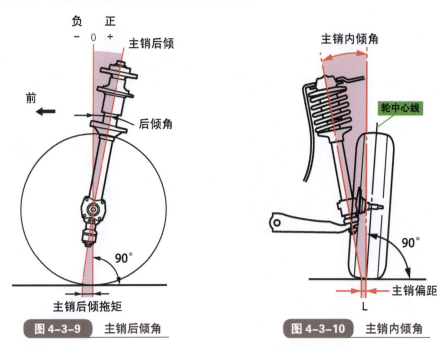

图4-3-9 主销后倾角　　图4-3-10 主销内倾角

3. 前轮外倾角

前车轮外倾角如图4-3-11所示，是指前轮安装后，它的旋转平面的顶端略向外倾斜，旋转平面与纵向垂直平面间形成一个夹角，称为前车轮外倾角。为了使轮胎磨损均匀和减轻轮毂外轴承的负荷，安装车轮时应预先使车轮有一定的外倾角，以防止车轮内倾。同时，车轮有了外倾角也可以与拱形路面相适应。但是，外倾角也不宜过大，否则也会使轮胎磨损不均匀。

4. 前轮前束

汽车在直行位置时，两个前轮后端距离 B 与前端距离 A 的差值称为前轮前束，如图4-3-12所示。当车辆行驶在倾斜的路面上时，车身就会倾向一侧。车辆将有向车身倾斜方向转向的趋势。如果各轮的前端都转向内侧（前束）时，车辆将试图按与车身倾斜的相反方向前行，结果是保持了直线行驶的稳定性。前束可通过转向拉杆调整。

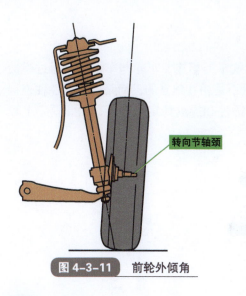

图 4-3-11 前轮外倾角

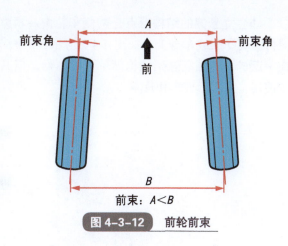

图 4-3-12 前轮前束

4.4 悬架

悬架的作用是把路面作用于车轮上的各种反力所造成的力矩,都传递到车架(或承载式车身)上,缓和并衰减汽车在行驶中产生的冲击及振动,以保证汽车正常行驶。同时,利用弹性元件和减振器吸收各种摆动和振动,保障乘客的安全和舒适。

典型的悬架结构由弹性元件、导向机构以及减振器组成,有的车型还有横向稳定器等。弹性元件又有钢板弹簧、空气弹簧、螺旋弹簧以及扭杆弹簧等形式,现代轿车悬架多采用螺旋弹簧和扭杆弹簧,有的高级轿车还采用了空气弹簧。悬架的组成如图 4-4-1 所示。

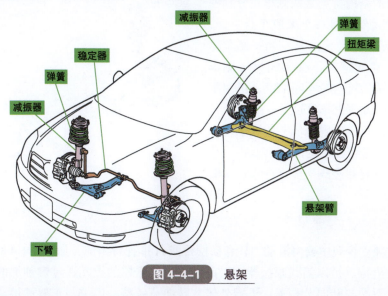

图 4-4-1 悬架

4.4.1 悬架的类型

按照系统结构的不同,悬架可分为非独立悬架和独立悬架两类。

1. 非独立悬架

非独立悬架的结构特点是两侧车轮由一根整体式车架相连，车轮与车桥一起通过弹性元件挂在车架或车身上，如图4-4-2所示。两侧车轮不是相互独立的，而是通过刚性轴连接在一起的。非独立悬架结构简单，成本低，但其舒适性和操纵稳定性较差，因此轿车上较少使用，多用于客车和货车。

图 4-4-2　非独立悬架

2. 独立悬架

独立悬架的结构特点是两侧车轮分别独立地通过弹性元件连接在车架或车身下面，如图4-4-3所示。它的优点是：当一侧车轮受到冲击时，它的运动不会影响另一侧车轮，这有助于消除转向轮不断偏摆；可用刚度较小的弹簧，改善汽车舒适性；采用断开式车桥，发动机总成位置降低，使汽车重心下降，提高了汽车行驶稳定性。

独立悬架有麦弗逊式、多连杆式、双横臂式等结构。

图 4-4-3　独立悬架

（1）麦弗逊式独立悬架

麦弗逊式独立悬架主要由滑动力柱和横摆臂或A形托臂组成，如图4-4-4所示。麦弗逊式独立悬架突出特点是以筒式减振器为滑动立柱，减振器的上端通过带轴承的隔振块总成与车身相连，下端与转向节相连。下臂外侧与转向节铰接，内侧与车架铰接。车轮所受的侧向力通过转向节大部分由下臂承受，其余部分由减振器活塞和活塞杆承受。筒式减振器上铰链的中心与下臂外端球铰链中心的连线为主销轴线。因此，它在结构上为无主销结构。当车轮上下跳动时，因减振器的下支点随下臂摆动，故主销轴线的角度是变化的。这说明车轮沿着摆动的主销轴线而运动。因此，这种悬架在变形时，主销的定位角和轮距都有些变化。然而，如果适当地调整杆系的布置，可使车轮的这些定位参数变化极小。

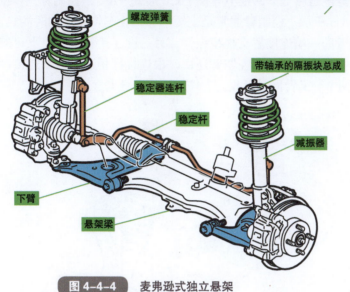

图 4-4-4　麦弗逊式独立悬架

麦弗逊式悬架较突出的特点是结构简单，质量轻，占用空间小，便于发动机和其他部件的布置。其缺点是滑动立柱摩擦较大。为减少摩擦，通常把螺旋弹簧中心线与滑柱中心线不重合布置。

（2）多连杆式独立悬架

多连杆式独立悬架是由三根或三根以上杆件组合起来的悬架结构，用于控制车轮的位置变化。它能使车轮在绕着与汽车纵轴线成一定角度的轴线内摆动，而且对车轮跳动时的轮距和前束变化具有良好的抑制作用。不管汽车是在驱动、制动状态，都可以按驾驶员的意图进行平稳地转向。其中常见的四连杆独立悬架如图 4-4-5 所示。

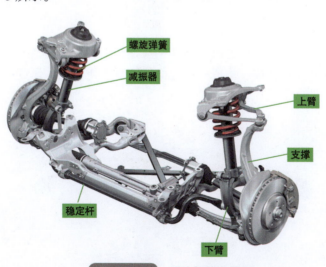

图 4-4-5　四连杆独立悬架

28. 前悬架减振器与减振器弹簧的检查与更换

29. 后悬架减振器的检查与更换

30. 下摆臂检查与更换

(3) 双横臂式独立悬架

双横臂式独立悬架是由上下两根不等长"V"形或"A"形控制臂，以及支柱式液压减振器构成，如图4-4-6所示。控制臂通常是上短下长，让车轮在运动时能自动改变外倾角，减小轮胎磨损。上臂的一端连接着支柱减振器，另一端连接着车身；下臂的一端连接着车轮，而另一端则连接着车身，上下控制臂还由一根连接杆相连，这根连接杆同时还与车轮相连接。横向力由两个交叉臂同时吸收，支柱只承载车身重量。

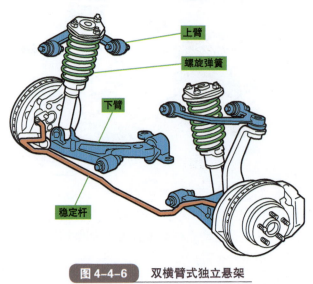

图 4-4-6　双横臂式独立悬架

4.4.2　悬架主要零部件

弹性元件

弹性元件承受垂直载荷，缓和并且抑制不平路面引起的振动和冲击。弹性元件主要有钢板弹簧、螺旋弹簧、扭杆弹簧、气体弹簧等。

（1）钢板弹簧

钢板弹簧如图4-4-7所示，它是汽车悬架中应用最广的一种弹性元件。它由若干片长度不等的合金弹簧钢片叠加而成，构成一根近似等强度的弹性梁。弹簧片用中心螺栓连接，并保证各片的相对位置。

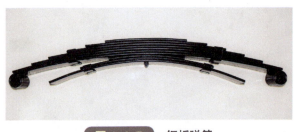

图 4-4-7　钢板弹簧

（2）螺旋弹簧

螺旋弹簧由特殊的弹簧钢棒卷制而成，如图 4-4-8 所示。螺旋弹簧广泛应用于独立悬架，有些轿车的后轮非独立悬架也采用螺旋弹簧做弹性元件。由于螺旋弹簧只能承受垂直载荷，且变形时不产生摩擦力，所以悬架中必须装有减振器和导向机构。

（3）扭杆弹簧

扭杆弹簧如图 4-4-9 所示，是由弹簧钢制成的杆件，扭杆的断面通常为圆形，少数为矩形或管形，其两端制成花键、方形、六角形等形状，以便一端固定在车架上，另一端固定在悬架的摆臂上。摆臂与车轮相连，当车轮跳动时，摆臂绕扭杆轴线摆动，使扭杆产生扭转弹性变形，以保证车轮与车架的弹性连接。

图 4-4-8　螺旋弹簧

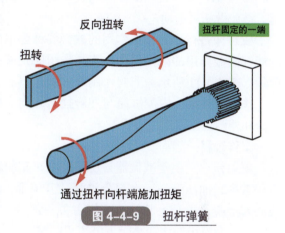

图 4-4-9　扭杆弹簧

（4）气体弹簧

气体弹簧如图 4-4-10 所示，是在一个密封的容器中充入压缩气体（气压为 0.5~1.0MPa），利用气体的可压缩性实现弹簧作用。气体弹簧的刚度是可变的，因为作用在弹簧上的载荷增加时，容器内的定量气体受压缩，气压升高，于是弹簧的刚度增大。反之，载荷减小时，容器内的气压下降，弹簧的刚度减小，故它具有较理想的弹性特性。

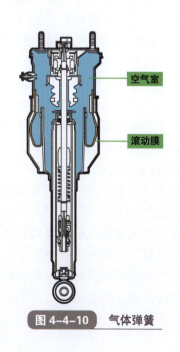

图 4-4-10　气体弹簧

4.4.3 减振器

减振器是产生阻尼力的主要元件,与弹性元件并联安装在车桥和车架(或车身)之间,可迅速衰减汽车振动。目前,汽车上普遍采用液压减振器,它利用不可压缩的液体流过一些小孔时产生的阻力,来消耗振动的能量。

当车架与车桥做往复相对运动时,活塞在缸筒内也做往复运动,减振器内的油液便反复经过活塞上的阀孔。孔壁与油液间的摩擦,以及液体分子的内摩擦便形成对振动的阻尼力,使车身和车架的振动能量转变为热能,并由油液和减振器壳体所吸收,然后散发到大气中。减振器阻尼力的大小与车架和车桥(或车轮)的相对速度、阀门大小以及油液黏度有关。

减振器有单筒式和双筒式两种结构,双筒式液压减振器由两个不同直径的缸筒套在一起,彼此做相对运动。

仅在伸张行程起减振作用的减振器称为单向作用筒式减振器,在压缩和伸张两行程内均能起减振作用的减振器称为双向作用筒式减振器。目前,双向作用式减振器得到了广泛应用。图4-4-11所示为双向作用筒式减振器的结构。油液的工作室位于内侧缸筒内,活塞在工作室内移动。内侧缸筒与外侧缸筒之间为储油室。活塞和活塞杆固定在车身上,内侧缸筒和外侧缸筒固定在车桥上。

工作过程

压缩行程:由于减振器被压缩,汽车车轮移近车身,减振器内的活塞向下移动,下腔容积减小,油压升高。大部分油液冲开流通阀流入上腔,由于上腔被活塞杆占去一部分空间,上腔容积的增加小于下腔容积的减少,于是一部分油液推开压缩阀,流回到储油室中。油液通过阀孔时所形成的节流作用,就产生了对悬架受压缩运动的阻尼作用。

伸张行程:减振器受拉伸,车轮远离车身,这时活塞向上移动,上腔油压升高,流通阀关闭,上腔内的油液打开伸张阀流入下腔。由于活塞杆自身的存在,自上腔流来的油液不能充满下腔增加的容积,使得下腔产生一定的真空度,这时储油室中的油液推开补偿阀流进下腔补充。阀的节流作用在悬架做伸张运动时起到了阻尼作用。

由于伸张阀弹簧的刚度和预紧度设计得大于压缩阀,在相同力的作用下,伸张阀及相应的常通缝隙通道的截面积总和小于压缩阀及相应常通缝隙通道的截面积总和,这使得减振器的伸张行程产生的阻尼力大于压缩行程时产生的阻尼力,从而实现迅速减振。

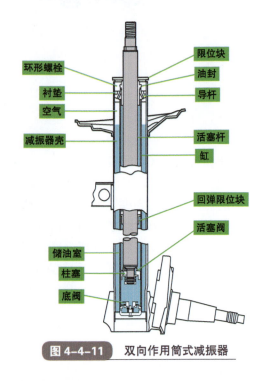

图4-4-11 双向作用筒式减振器

4.4.4 电子控制悬架

电子控制悬架系统主要由空气供给装置（压缩机、空气电磁阀等）、带有减振器的空气弹簧、车身高度（水平）传感器、操纵单元、电子控制单元、电磁阀等组成，如图4-4-12所示。空气压缩机由直流电动机驱动产生压缩空气，压缩空气经干燥器干燥后，由空气管道经空气电磁阀送至空气弹簧的主气室。若车身高度需降低时，电子控制单元控制电磁阀使空气弹簧主气室中的压缩空气排到大气中去。

1. 带有减振器的空气弹簧

带有减振器空气弹簧结构如图4-4-13所示。它主要由主气室、副气室、弹簧刚度执行机构、阻尼转换执行机构和液压减振器等组成。弹簧刚度执行机构位置在主气室与副气室之间。在减振器的上部安装有阻尼转换执行机构，减振器的内部有阻尼旋转阀，因此弹簧刚度是通过主气室与副气室进行调节的，阻尼系数是通过减振器进行调节的。

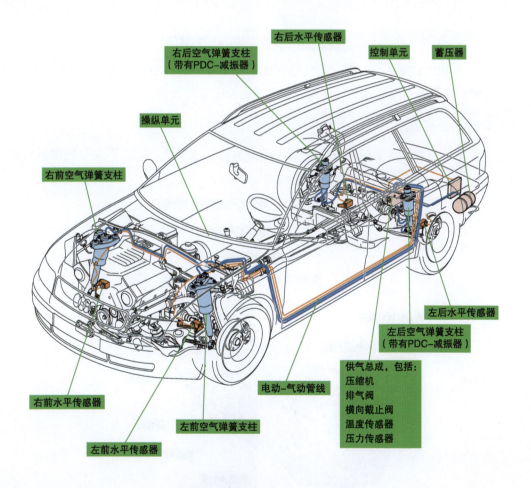

图 4-4-12　电子控制悬架组成

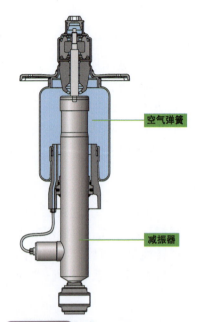

图 4-4-13　带有减振器的空气弹簧

空气弹簧调节车身高度过程，空气弹簧压缩，车身降低；当车身需要升高时，ECU 控制空气电磁阀使压缩空气进入空气弹簧的主气室，使空气弹簧伸长，车身升高。

2. 空气供给装置

空气供给装置如图 4-4-14 所示，一般安装在发动机舱前方，用于产生空气弹簧所需的压缩空气。

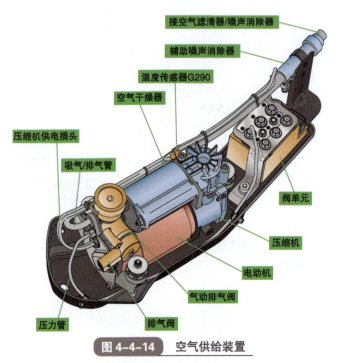

图 4-4-14　空气供给装置

3. 车身高度传感器

四个车身高度传感器都安装悬架上如图 4-4-15 所示，通过它监测车身与悬架下臂之间的距离变化，从而检测出车辆高度状态。

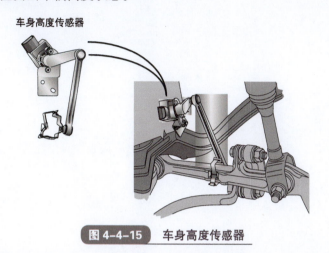

图 4-4-15　车身高度传感器

当车载质量增加时，车身高度会下降，车身高度传感器将这个信号传送给 ECU，ECU 控制空气压缩机向空气弹簧主气室充气，直至车身高度达到规定值；当车载质量减少时，车身高度上升，此时 ECU 根据车身高度传感器传来的信号发出控制信号，打开悬架控制电磁阀，使空气弹簧主气室的空气通过控制电磁阀、空气管路从排气阀排出，从而使车身下降。

第 5 章 汽车转向系统

Chapter 5

5.1 汽车转向系统总体构成　　140

5.2 转向器、转向操纵机构和转向传动机构　　140

5.3 电子助力转向　　146

5.4 四轮转向　　149

5.1 汽车转向系统总体构成

在汽车直线行驶时,往往转向轮也会受到路面侧向干扰力的作用,自动偏转而改变行驶方向。此时,驾驶员也可以利用一套机构使转向轮向相反的方向偏转,从而使汽车恢复原来的行驶方向。这一套用来改变或恢复汽车行驶方向的专设机构,称为汽车转向系统。因此,汽车转向系统的功用是保证汽车能按驾驶员的意志而进行转向行驶。汽车转向系统由转向操纵机构(方向盘)、转向器、转向传动机构等组成,如图5-1-1所示。

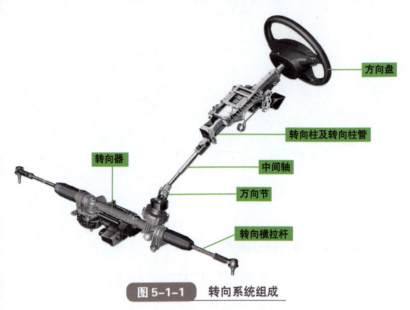

图 5-1-1 转向系统组成

5.2 转向器、转向操纵机构和转向传动机构

5.2.1 转向器

转向器是转向系统中减速及增力传动装置,其功用是增大由方向盘传到转向节的力,并改变力的传递方向。目前应用广泛的有齿轮齿条式转向器和循环球式转向器。

1. 齿轮齿条式转向器

齿轮齿条式转向器主要由桥壳、转向小齿轮(主动)、转向齿条(从动)、转向横拉杆等组成,如图5-2-1所示。齿轮齿条式转向器分为两端输出式和中间输出式,两端输出式转向器如图5-2-1所示。转向小齿轮安装在壳体上,并与壳体内部水平安装的转向齿条啮合。转向齿条两端与转向横拉杆相连,压紧弹簧通过压块将齿条压靠在齿轮上,保证无间隙啮合。当方向盘转动时,小齿轮转动并带动与之啮合的转向齿条沿轴线移动,从而使左右转向横拉杆带动转向节左右转动,使转向车轮偏转,实现汽车转向。

第 5 章　汽车转向系统

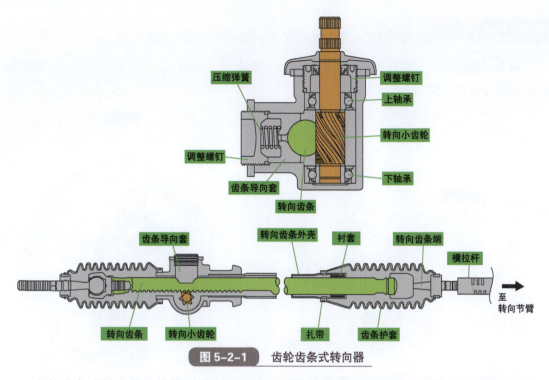

图 5-2-1　齿轮齿条式转向器

齿轮齿条式转向器的检修。检查转向齿轮端头及衬套（液压转向是轴承）的磨损情况；是否与球轴承同轴，若磨损严重或不同轴应更换。检查齿条各部磨损程度，有无缺齿，如有应更换齿条。

2. 循环球式转向器

循环球式转向器一般有两级传动副，第一级是螺杆螺母传动副，第二级是齿条齿扇传动副，如图 5-2-2 所示。当带有蜗杆的转向轴在方向盘和转向柱的带动下转动时，钢球将力传递给球形螺母，球形螺母即沿轴向移动。同时，由于摩擦力作用，钢球在蜗杆与球形螺母两者之间滚动，形成球流。转向球形螺母带动齿扇运动，齿扇带动摇臂轴转动，使转向垂臂产生摆动带动转向拉杆实现车轮转向。

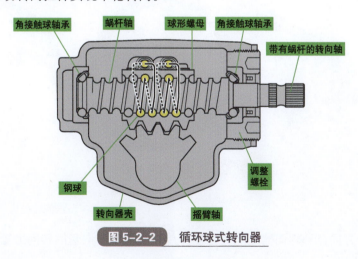

图 5-2-2　循环球式转向器

141

5.2.2　转向操纵机构

转向操纵机构由方向盘、转向柱、转向柱管等组成，如图 5-2-3 所示，它的作用是将驾驶员转动方向盘的操纵力传给转向器。

图 5-2-3　转向操纵机构

1. 方向盘

方向盘一般用花键和螺母安装在转向轴的上端，其上装有喇叭按钮。在装有安全气囊的车上还安装有安全气囊的一些部件，如图 5-2-4 所示。方向盘主要由轮缘、轮辐和轮毂组成。它的主要的作用是将驾驶员施加的力矩转给转向柱。

图 5-2-4　方向盘组件

2. 转向柱

转向柱位于方向盘和转向器之间，主要作用是将来自方向盘的转向力矩传递给转向器。

转向柱主要由转向柱管、中间轴、转向万向节、转向柱调整机构等组成，如图 5-2-5 所示。

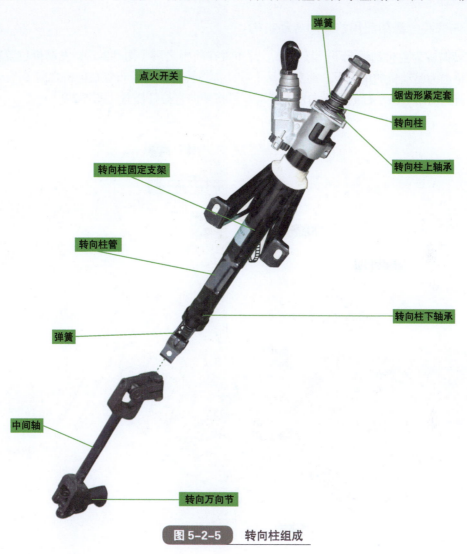

图 5-2-5　转向柱组成

3. 安全操纵机构

一般车上都会携带可分离式或变形吸能式安全操纵机构。可分离式安全转向操纵机构的转向柱分为上下两段。当发生撞车时，上下两段相互分离或相互滑动，从而有效地防止方向盘对驾驶员的伤害，如图 5-2-6 所示。

5.2.3　转向传动机构

转向传动机构的功用是将转向器输出的力和运动传到转向桥两侧的转向节，使两侧转向轮偏转，且使两侧转向轮偏转角按一定关系变化，以保证汽车转向时车轮与地面的相对滑动尽可能小。转向传动机构主要由转向摇臂、转向直拉杆、转向节臂、转向梯形臂（转向臂）、转向横拉杆等组成。

转向传动机构的组成和布置因转向器位置和转向轮悬架类型不同而异。

1. 与非独立悬架配用的转向传动机构

在转向桥为前桥的情况下，转向梯形臂布置在前桥之后（图 5-2-7）；发动机位置较低或者转向桥也为驱动桥的情况下，避免运动干涉，常将转向梯形臂布置在前桥之前（图 5-2-8）；若转向臂是在与道路平行的平面向左右摆动，可将转向直拉杆横置（图 5-2-9）。

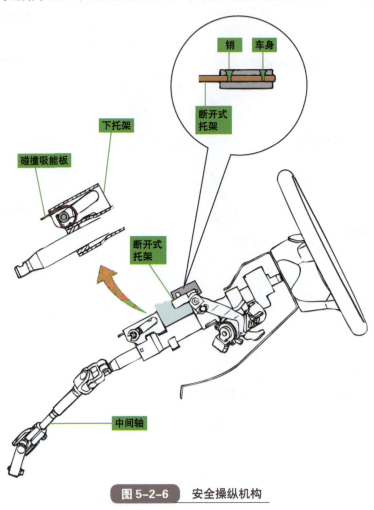

图 5-2-6　安全操纵机构

2. 与独立悬架配用的转向传动机构

当转向轮配用独立悬架时，每个转向轮都需要相对于车架做独立运动，因而转向桥必须采用断开式的。如图 5-2-10 所示，转向传动机构与循环球式转向器配用。如图 5-2-11 所示，转向传动机构与齿轮齿条式转向器配用。为了与断开式车桥相适应，转向传动机构中的转向梯形臂也必须分成 2 段（图 5-2-10a）或 3 段（图 5-2-10b），并且由在平行于路面的平面中摆动的转向摇臂带动转向直拉杆，从而完成转向。

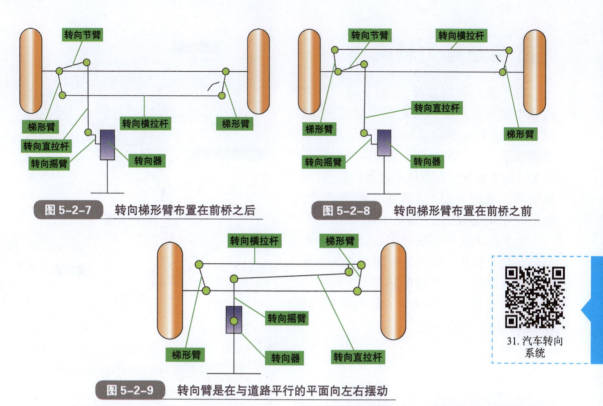

图 5-2-7 转向梯形臂布置在前桥之后

图 5-2-8 转向梯形臂布置在前桥之前

图 5-2-9 转向臂是在与道路平行的平面向左右摆动

图 5-2-10 与循环球式转向器配用的转向传动机构

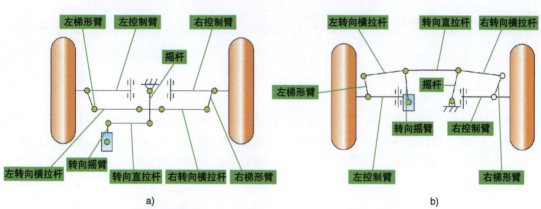

图 5-2-11 与齿轮齿条式转向器配用的转向传动机构

5.3 电子助力转向

电子助力转向系统（EPS）是一种直接依靠电动机提供辅助扭矩的电动转向系统。EPS 系统在机械转向机构的基础上增加了传感器装置、电子控制装置及转向助力机构等装置。EPS 系统没有液压系统所需的转向泵、油管等，装配方便，无泄漏，故障率更低。电子助力转向系统组成如图 5-3-1 所示。

电子助力转向系统的主要功能是使用电力驱动执行机构，能够在不同的驾驶条件下为驾驶员提供适宜的辅助转向力。同时，它还具有可变阻力转向功能、辅助回位功能，以及转向阻尼调节功能。

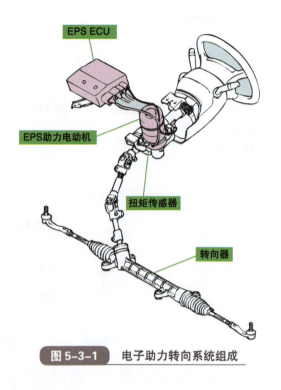

图 5-3-1　电子助力转向系统组成

5.3.1　电子助力转向系统分类

根据作用位置不同，EPS 可分为转向柱助力式、齿条助力式和齿轮助力式 3 种。

1. 转向柱助力式

转向柱助力式 EPS 助力电动机固定在转向柱一侧，通过减速机构与转向柱相连，如图 5-3-2 所示。驾驶员转动方向盘时，控制单元接受扭矩、转角、车速等信号，控制直流助力电动机的电流，电动机的动力经离合器、电动机齿轮传给转向柱的齿轮，然后经万向节及中间轴传给转向器。

2. 齿轮助力式

齿轮助力式助力 EPS 系统电动机和减速机构与小齿轮相连，直接驱动齿轮助力转向，如图 5-3-3 所示。转向助力机构安装在转向器小齿轮处，与转向柱助力式相比，可以提供较大的转向力，适用于中型车。

3. 齿条助力式

齿条助力式 EPS 系统的电动机和减速机构等布置在齿条处，电动机通过减速传动机构直接驱动转向齿条，如图 5-3-4 所示。与转向器小齿轮助力式相比，可以提供更大的转向力，适用于大型车。

第 5 章 汽车转向系统

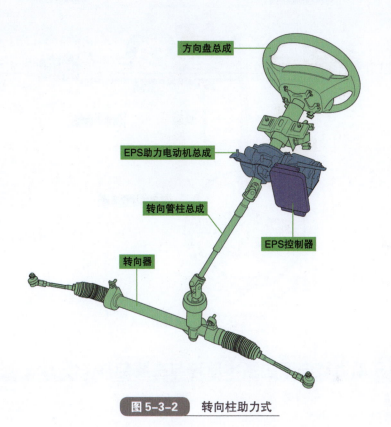

图 5-3-2　转向柱助力式

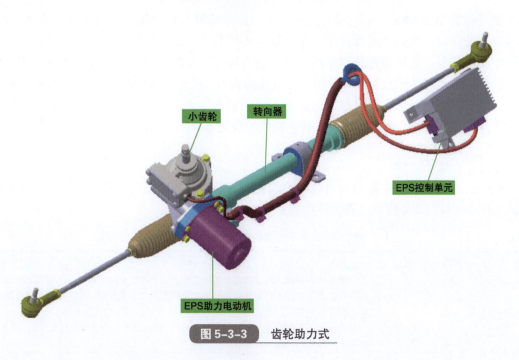

图 5-3-3　齿轮助力式

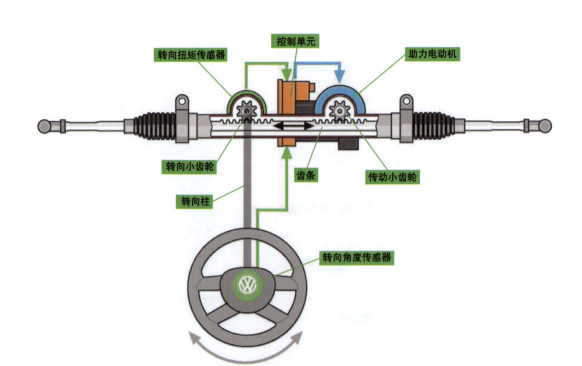

图 5-3-4 齿条助力式

5.3.2 电子助力转向系统基本原理与主要部件

1. 基本原理

这三种类型的 EPS 基本原理大同小异：扭矩传感器与转向轴（小齿轮轴）连接一起，当转向轴转动时，扭矩传感器开始工作，把输入轴和输出轴在扭杆作用下产生的相对转动位移变成电信号，传给动力转向控制模块，动力转向控制模块根据车速传感器和扭矩传感器的信号，决定电动机的旋转方向和助力电流的大小，从而完成实时控制助力转向。因此，它可以很容易实现车速不同时提供电动机不同的助力效果，保证汽车在低速行驶时轻便灵活，高速行驶时稳定可靠。因此 EPS 转向特性的设置具有较高的自由度。

2. 主要部件及功能

电子助力转向系统主要由动力转向控制模块、动力转向电动机、扭矩传感器、动力转向减速机构和转向器等组成。各部件功能如表 5-3-1 所示。

表 5-3-1 电子助力转向系统各部件功能

部件	描述
扭矩传感器	安装在转向器输入轴或转向柱的扭力杆上，其功能是测量驾驶员作用在方向盘上的力矩大小与方向，有的还能测量方向盘转角的大小和方向，并将这些信号反馈给动力转向控制模块，是 EPS 的控制信号 目前采用较多的是在转向轴位置加一扭杆，通过测量扭杆的变形得到扭矩。另外，也有采用非接触式扭矩传感器的

（续）

部件	描述
动力转向电动机	根据电子控制单元的指令输出适宜的辅助扭矩，是 EPS 的动力源。多采用无刷永磁式直流电动机。所以 EPS 对电动机有很高要求，不仅要求低转速大扭矩、波动小、转动惯量小、尺寸小、质量轻，而且要求可靠性高、易控制
动力转向控制模块	动力转向控制模块通常与动力转向电动机集成在一起。它根据扭矩传感器信号和车速传感器信号，进行逻辑分析与计算后，发出指令控制电动机动作 动力转向控制模块还有安全保护和自我诊断功能，它通过采集车速、扭矩、角度等信号判断本系统工作状况是否正常，一旦发现系统工作异常，助力将自动取消，同时进行故障诊断分析，若检测到停用转向助力的故障，故障指示灯会点亮
减速机构	与电动机相连，起降速增扭作用。常用的有蜗轮蜗杆机构和采用行星齿轮机构。蜗轮蜗杆机构一般用于转向柱助力式 EPS 系统，行星齿轮机构应用于齿轮助力式和齿条助力式 EPS 系统 部分 EPS 还配有离合器，装在减速机构一侧，是为了保证 EPS 只在预先设定的车速行驶范围内起作用。当车速达到某一值时，离合器分离，电动机停止工作，转向系统转为手动转向。另外，当电动机发生故障时，离合器将自动分离
转向器	是汽车转向系统的最终执行机构，在本章 5.2 节已经有详细说明

5.4 四轮转向

四轮转向系统是指除了前轮转向机构外，还在后桥上安装了一套转向系统。它能够使驾驶员在操纵方向盘时，同时转动汽车前后四个车轮，不仅提高了高速时的稳定性和可控性，而且提高了低速时的机动性。在高速行驶时，将后轮与前轮同相位转向，以减小车辆的横摆运动，改善高速行驶的稳定性；而在低速行驶时，把后轮与前轮逆相位转向，减小转弯半径以改善车辆中低速行驶的操纵性，提高快速转向性。四轮转向系统组成如图 5-4-1 所示。

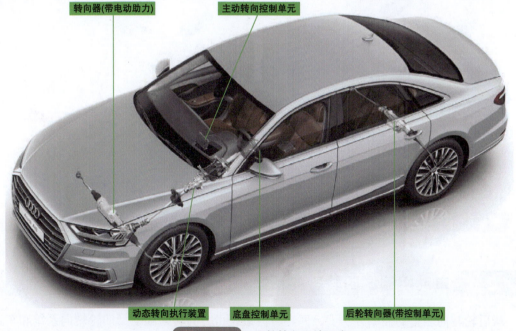

图 5-4-1　四轮转向系统组成

5.4.1 基本原理

汽车转向的基本过程都是使汽车在转弯时产生重心的平移和绕着重心的转动,这两种运动的结合促使汽车完成了转向的过程。当汽车方向盘的转角和车速确定时,前轮转向(2WS)汽车的行驶状态是单一的,而四轮转向(4WS)汽车的行驶状态,则会随着后轮与前轮之间的角度不同或相同而变得多种多样,产生不同的行驶状态,以满足汽车安全性、机动性、操纵稳定性等性能需求。

1. 低速转向

汽车低速转向时,前轮转向汽车的情况是后轮不转向,所以转向中心大致在后轴的延长线上。四轮转向汽车的情况是对后轮进行逆向操纵,如图 5-4-2 所示,转向中心比前轮转向汽车靠近车体处。在低速转向时,若两车前轮转向角相同,则四轮转向汽车的转向半径更小,内轮差也小,转向性能好。

2. 高速转向

理想的高速转向运动状态是尽可能使车体的倾向与前进方向一致,以防多余的自转运动使前后轮产生较大的旋转向心力。在四轮转向汽车上,通过对后轮同向转向操纵,可以使后轮也产生侧偏角,使它与前轮的旋转向心力相平衡,从而抑制自转运动,可得到车体方向和车辆前进方向一致的稳定转向状态,如图 5-4-3 所示。

图 5-4-2　四轮转向低速转向时的状态

图 5-4-3　汽车高速时四轮转向状态

5.4.2 全电动控制式四轮转向系统

从后轮转向装置的控制方法上,四轮转向系统可分为转角随动型四轮转向系统和车速感应型四轮转向系统。转角随动型四轮转向系统都是采用机械式的,而车速感应型四轮转向系统有液压式、电子控制液压式和全电动控制式。目前一般多采用电动控制式。全电动控制式四轮转向系统如图 5-4-4 所示。

转向时,前轮转角传感器、车速传感器和横摆角速度传感器等将信号送入 ECU 进行分析计算,ECU 确定后轮转角,并向步进电动机输出驱动信号使步进电动机动作,通过后轮转向机构控制驱动后轮偏转以配合前轮转向,实现汽车的四轮转向。同时,ECU 计算后轮目标转角与实际转角之间的差值来调整后轮转角,从而实现汽车行驶状况的实时监控。

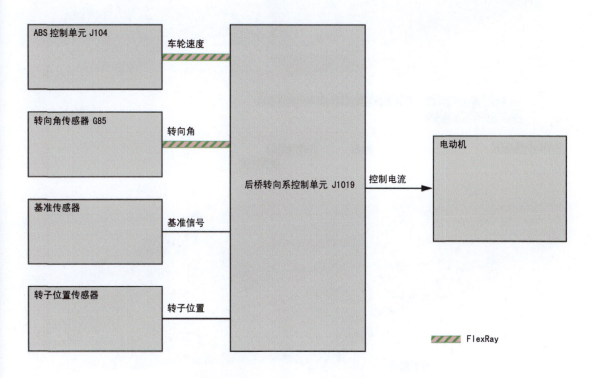

图 5-4-4　全动力控制式四轮转向系统

后轮转向组件如图 5-4-5 所示,电动机通过传动带驱动螺杆螺母。螺杆螺母的转动运动转换成螺杆的直线运动。相连的转向横拉杆将这种直线运动传递到车轮支架上,车轮一同向右或向左转动(取决于电动机的转动方向)。该系统通过螺杆螺母的传动比和使用的梯形螺纹实现自锁。只能在调节过程中激活该电动机,其余时间保持关闭状态。

只能通过螺纹驱动自锁力生成保持力。螺杆最大调节行程(从中间位置算起)约为 9mm,它相当于约 5°的最大车轮转角。

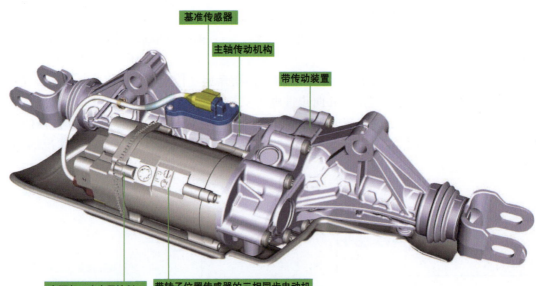

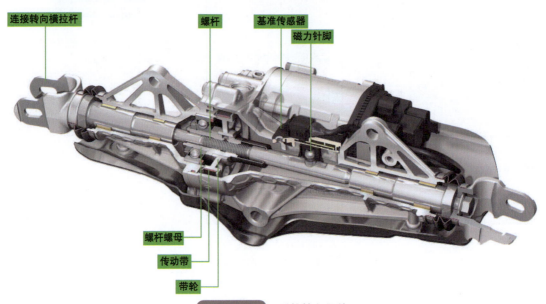

图 5-4-5　后轮转向组件

第 6 章 汽车制动系统

Chapter 6

6.1　汽车制动系统总体构成　　154

6.2　制动器　　155

6.3　制动助力装置　　162

6.4　制动控制系统　　163

6.5　电子驻车及自动驻车系统　　169

6.1 汽车制动系统总体构成

制动系统可分为行车制动系统和驻车制动系统，如图 6-1-1 所示。行车制动系统是由驾驶员用脚来操纵的，它的功用是使正在行驶的汽车减速或在最短的距离内停车。驻车制动系统是由驾驶员手动操纵的，它的功用是使已经停在各种路面上的汽车驻留原地不动。

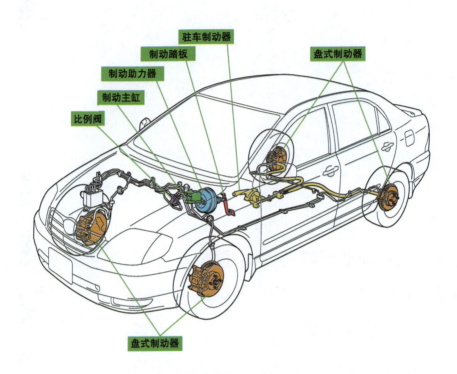

图 6-1-1　制动系统

液压式行车制动系统主要由操纵机构、制动助力系统、制动液压系统、制动力平衡控制装置、制动系统指示灯（图中未给出）等组成，如图 6-1-2 所示。

对鼓式制动系统，制动时踩下制动踏板，推杆便推动主缸活塞，使主缸中的制动液以一定压力流入制动轮缸，推动轮缸活塞使两制动蹄向外张开，从而使摩擦片压紧在制动鼓的内圆表面上。此时，不旋转的制动蹄就对旋转着的制动鼓产生一个摩擦力矩，其作用方向与车轮旋转方向相反。制动鼓将该力矩传到车轮后，由于车轮与路面间的附着作用，车轮即对路面作用一个向前的周缘力，与此同时，路面给车轮作用一个向后的反作用力，即制动力。制动力由车轮经车桥和悬架传递给车架和车身，迫使整个汽车减速。

当松开制动踏板时，制动蹄回位弹簧即将制动蹄拉回原位，摩擦力矩和制动力消失，制动作用解除。

32. 汽车制动系统

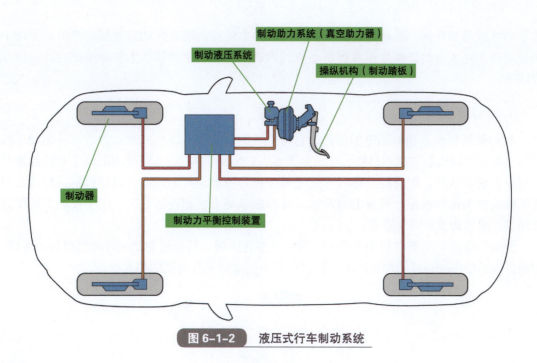

图 6-1-2　液压式行车制动系统

6.2 制动器

制动器是制动系统中用以产生阻止车辆运动或运动趋势的力的部件。目前，一般汽车所使用的制动器的制动力矩，都是来源于固定元件和旋转元件工作表面之间的摩擦，即摩擦式制动器。按照摩擦工作表面的不同分为鼓式制动器和盘式制动器，如图 6-2-1 所示。

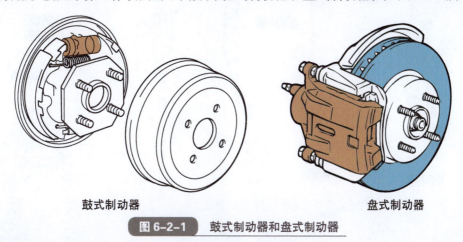

图 6-2-1　鼓式制动器和盘式制动器

6.2.1　鼓式制动器

鼓式制动器由制动鼓、制动蹄、制动轮缸、回位弹簧、限位弹簧等组成，如图 6-2-2 所示。旋转元件是制动鼓，其与车轮连接；固定元件是制动蹄。轮缸活塞在制动液的压力作用下向外推动制动蹄,制动力克服回位弹簧的弹力使制动蹄在促动装置制动轮缸的作用下向外翻转,外表面的摩擦片压靠到制动鼓的内表面上,对制动鼓产生制动摩擦力,促使车轮减速。

1. 制动蹄

制动蹄是制动器相对固定的部件,它与旋转的制动鼓摩擦形成制动力。常见的制动蹄由钢制蹄片铆接或黏接摩擦材料而成,如图 6-2-3 所示。多数制动蹄是由两块 T 形断面钢板焊接在一起制成的。制动蹄外部的弯曲金属板称为基板,其上固结有摩擦材料。焊接在基板下的金属板称为腹板,腹板上通常加工有许多各种形状和规格的孔,用于安装制动蹄回位弹簧、限位弹簧和调节器等。

制动蹄厚度的检查。制动底板上通常有观察孔,可以目视检查制动蹄摩擦材料的厚度,但最好的检修办法是将制动鼓拆下,然后对整个制动蹄进行彻底的外观检查。

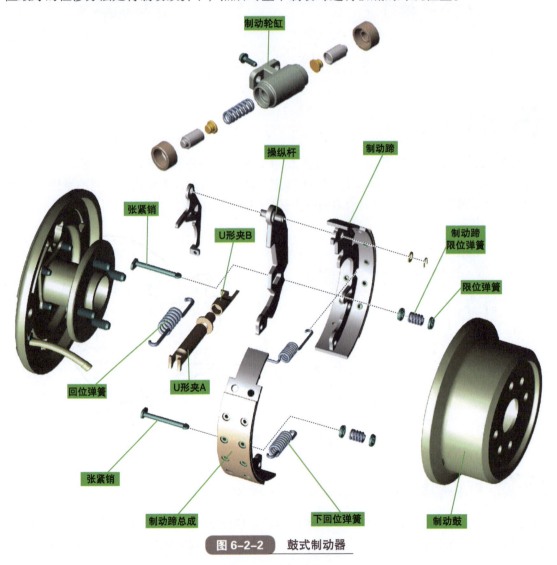

图 6-2-2　鼓式制动器

2. 制动鼓

在鼓式制动器中，最外端的主要部件是制动鼓。制动鼓不与底板相连接，而是与轮毂相连接，同车轮一起旋转，如图6-2-4所示。当施加制动力时，制动蹄与制动鼓的内表面摩擦，产生制动力。制动鼓为铸铁件或铸铁与钢的复合件，通过螺栓孔套在车轮螺栓上。另外，制动鼓的中心还有一个大孔，用来与轮毂中心进行定位。

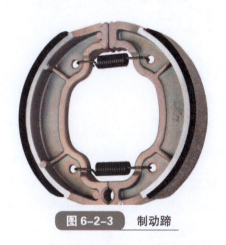
图6-2-3　制动蹄

图6-2-4　制动鼓

制动鼓的弯曲变形可通过测量其直径进行检查。而制动鼓的失圆变形和偏心变形可通过测量其摩擦面的跳动量来检查。具体的测量方法可参见相应车型的维修手册。若测量值超出维修手册的规定值，则应进行更换。

3. 制动轮缸

制动轮缸固定在底板上的安装位置参见图6-2-2，当驾驶员踩下制动踏板时，制动力迫使制动轮缸内的活塞向外移动，通过推杆或活塞将运动作用于制动蹄，迫使制动蹄向外压紧制动鼓。制动轮缸主要由缸体、防尘套、密封皮碗、活塞、弹簧、排气螺栓等组成。

4. 回位弹簧

回位弹簧的作用是将制动蹄与制动鼓分离，并迫使制动轮缸活塞回到缸筒的中心。当释放制动力时，制动蹄回位弹簧使制动蹄退回到未工作的位置，可避免制动拖滞，同时迫使制动轮缸中的制动液回到制动主缸及储液罐中。

5. 调节器

随着制动蹄的磨损，制动蹄与制动鼓的间隙会增大，为了保证制动性能，必须要调整制动蹄与制动鼓之间的间隙（通常称为"制动器间隙"），这就需要在制动蹄之间装设调节器，如图6-2-5所示，在制动蹄磨损时，星轮调节螺栓的转动可以使制动蹄张开一些。

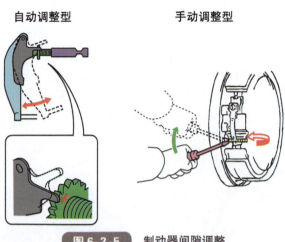

图 6-2-5　制动器间隙调整

6.2.2　盘式制动器

盘式制动器由制动钳、制动片、制动盘、活塞等组成，如图 6-2-6 所示。盘式制动器的旋转元件为制动盘，制动盘与车轮连接。摩擦元件为制动片，每个盘式制动器有两个制动片，制动片安装在横跨制动盘两侧的制动钳上。在制动盘的内侧设置制动轮缸，制动片附在制动钳体上。制动时，制动液进入制动轮缸，推动活塞及制动片向右移动，并压到制动盘上，并使得制动轮缸连同制动钳整体向左移动，直到制动盘右侧的制动片也压到制动盘上，夹住制动盘并使其制动。

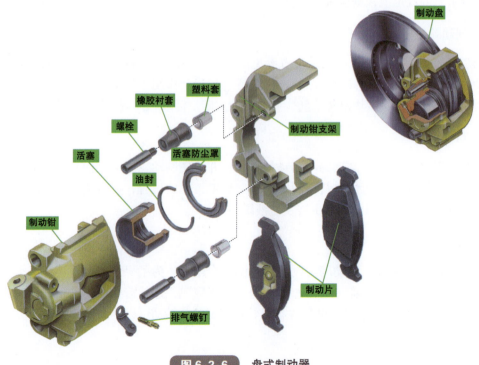

图 6-2-6　盘式制动器

1. 制动钳

制动钳安装在转向节或车桥凸缘上，并横跨在制动盘上，其内部装有活塞，并与之形成液压腔。在制动主缸高液压压力的作用下，制动钳及活塞使制动片压向制动盘。常见的制动钳有固定式和浮动式。

（1）固定式制动钳

固定式制动钳固定在悬挂装置上，制动钳体在制动过程中保持不动。钳体的两侧分别有1个或2个活塞，并采用密封圈密封，如图6-2-7所示。活塞与制动盘之间安装有制动片，而且制动片与制动钳之间采用定位销定位。

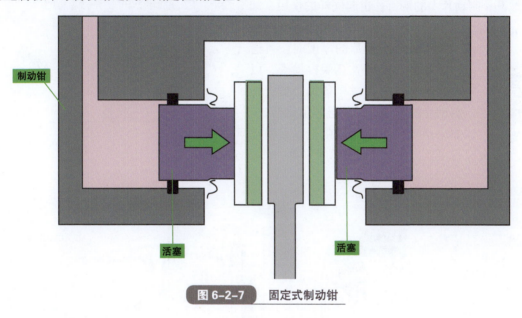

图 6-2-7　固定式制动钳

（2）浮动式制动钳

浮动式制动钳由支架和钳体两部分组成，支架紧固在悬架部件上，钳体通过导向销连接在支架上，并可以沿导向销左右滑动。钳体一侧装有活塞并且由密封圈密封，形成制动轮缸，活塞与制动盘之间装有制动片，钳体另一侧只有制动片，如图6-2-8所示。

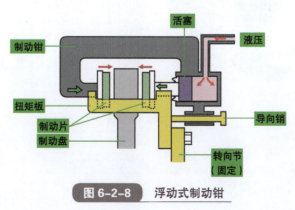

图 6-2-8　浮动式制动钳

和固定式制动钳相比，浮动式轴向和径向尺寸小，制动液受热汽化的机会较少。此外，在兼做驻车制动器的情况下，浮动式不用加装驻车制动钳，只需加装推动轮缸活塞的机械传动部件即可。

2. 制动片

制动片的作用是与制动盘相接触产生摩擦力，阻止制动盘转动。制动片由摩擦材料和钢制底板制成。为了防止制动热衰退，许多制动片上设计有槽缝，以便于热量散发和摩擦时产生的微粒散开，制动片上的铆钉孔也起同样的作用，如图6-2-9所示。

检查内制动片的厚度时，可通过制动钳顶部检查孔观察检查，以查看制动片是否过早磨损。检查外制动片的两端，并与极限值做对比，如果达到或者超过极限值，必须进行更换。制动片磨损报警功能，如图6-2-10所示。

33. 制动片的检查与更换

图 6-2-9 制动片

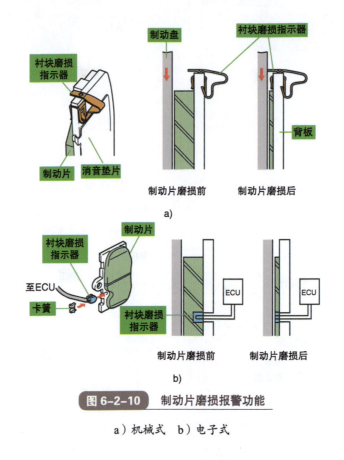

图 6-2-10 制动片磨损报警功能
a) 机械式　b) 电子式

3. 制动盘

制动盘常采用耐磨的铸铁材料制成，并通过螺栓安装在轮毂上，它与制动片相接触并产生摩擦力来阻止车轮转动。制动盘通常有两种形式：实心式和通心式，如图6-2-11所示。实心式制动盘是一个实心圆盘，通心式制动盘则由内带辐射式散热片的中空金属盘组成。由于通心式制动盘比实心式制动盘散热性能好，因此越来越多的汽车采用通心式制动盘。

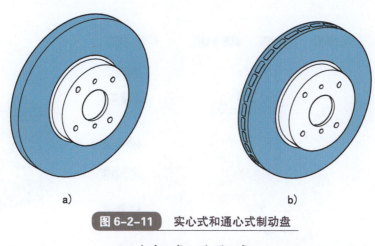

图 6-2-11　实心式和通心式制动盘

a）实心式　b）通心式

制动盘厚度偏差的检查。使用千分尺测量并记录制动盘圆周上均匀分布的4个点或更多点的厚度。操作时，务必确保在制动盘摩擦面内进行测量，且每次测量时千分尺与制动盘外边缘的距离相等（约10mm）。

4. 盘式制动器与鼓式制动器对比

（1）优点

盘式制动器两面传热，圆盘旋转易冷却，不易变形，制动效果好，而鼓式制动器单面传热，内外两面温差较大，易导致制动鼓变形，同时，长时间制动后，制动鼓因高温而膨胀，减弱制动效能。

盘式制动器长时间使用后，制动盘因高温膨胀使制动作用增强。

盘式制动器结构简单，易于维修，易实现间隙自动调整。

（2）不足

盘式制动器兼用驻车制动时，加装的驻车制动传动装置比鼓式制动器复杂。

盘式制动器的造价较为昂贵，不太适合一些特殊环境，比如砂石较多的路况下会容易损坏制动盘。盘式制动器的制动片与制动盘之间的摩擦面积较鼓式的小，制动片的磨损程度较大，更换频率较高。

34. 制动盘的检查与更换

6.3 制动助力装置

目前，大部分轿车采用真空助力器，发动机进气歧管的真空经过软管、单向阀进入助力器气室。它利用进气歧管真空与大气压力的差值来增大推杆对制动主缸活塞的作用力，从而增大制动主缸内的液压压力，以实现助力作用。对它的控制是利用制动踏板机构直接操纵的。真空助力器结构如图6-3-1所示。

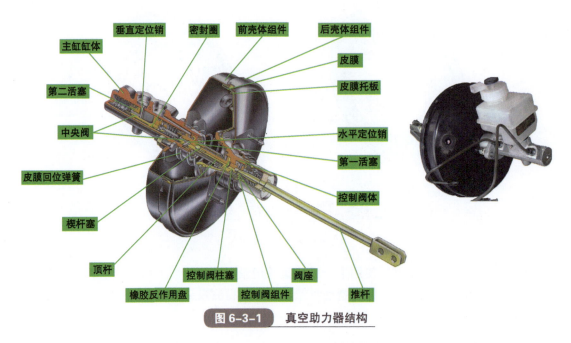

图6-3-1 真空助力器结构

真空助力器有三种工作模式，分别为释放模式、施加作用力模式和保持模式。

（1）释放模式

制动踏板松开，阀杆处于释放位置，柱塞被固定在后方位置，真空阀开启，空气阀关闭，真空腔和空气腔连通，且与大气隔开。真空腔和空气腔的空气经单向阀被进气歧管真空抽出，两者都处于真空状态，皮膜两侧的压力相等，皮膜回位弹簧将皮膜保持在靠后位置，推杆未运动。

（2）施加作用力模式

制动踏板被踩下，阀杆及柱塞向前移动，关闭真空阀并开启空气阀，外界空气进入空气腔，而真空腔内仍保持真空，因此皮膜两侧产生压力差。皮膜后方的大气压力推动皮膜及皮膜毂、推杆向前移动，这就给制动主缸活塞施加了作用力，实现制动助力。

（3）保持模式

在制动踏板被踩下且保持的瞬间，柱塞立即停止移动，而皮膜、控制阀阀

35. 制动助力器的拆卸与更换

座仍继续前移,直到空气阀关闭、皮膜及皮膜毂达到平衡状态为止。控制阀体以此可以调节皮膜前后的压力。若继续往下踩下制动踏板,则空气阀将重新打开,真空阀关闭,空气腔的大气压力继续通过皮膜及皮膜毂、推杆对制动主缸活塞施加压力;若松开制动踏板,则空气阀将关闭,真空阀打开,皮膜及皮膜毂在回位弹簧的作用下回到释放位置。

6.4 制动控制系统

随着人们对汽车安全性能提出更高的要求,作为最主要的主动安全控制系统之一的制动控制系统也在不断发展。从最初的防抱死制动系统(Antilock Braking System,ABS),再到在 ABS 基础上研发的驱动防滑系统(Acceleration Slip Regulation,ASR)、电子稳定系统(Electronic Stability Programme,ESP)等。制动控制系统是指运用控制理论与方法对制动装置进行控制,以便达到预期目的的系统。

6.4.1 防抱死制动系统(ABS)

防抱死制动系统(ABS)主要由传感器、ABS 控制单元、ABS 液压调节器、执行器等组成,如图 6-4-1 所示。它的作用是在汽车制动时,防止车轮抱死而在路面上拖滑,以提高汽车制动过程中的方向稳定性、转向控制能力和缩短制动距离,使汽车制动更为安全有效。

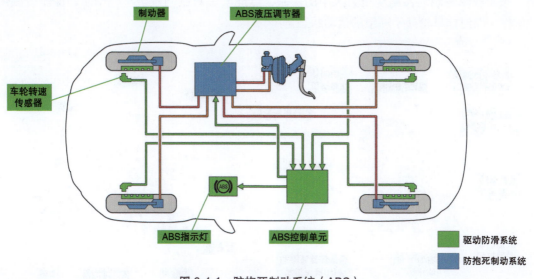

图 6-4-1　防抱死制动系统(ABS)

1. ABS 组成及基本原理

(1)轮速传感器

ABS 的轮速传感器主要有电磁感应式和霍尔式两种,其结构原理见表 6-4-1 所示。

表 6-4-1　ABS 轮速传感器结构原理

类型	电磁感应式轮速传感器	霍尔式轮速传感器
结构图		
工作特性	利用磁通变化产生可变电压，电压的大小正比于轮速的大小，低速时无法提供可靠的轮速信号	利用霍尔原理产生感应电流，该电流的振幅与轮速无关，只是频率与转速有关
功用	轮速传感器的功用是用来检测车轮旋转速度的，ABS 电子控制单元根据此信号计算决定是否开始进行防抱死制动控制	

（2）制动液压调节器

制动液压调节器主要由功能装置（ABS 泵、储液器等）、电磁阀等组成，如图 6-4-2 所示。它接收电子控制单元的指令，控制串联在制动主缸和制动轮缸之间的电磁阀的电流大小，来实现车轮制动器制动压力大小的控制，以此实施对制动系统实施增压、保压或减压的操作，以便让车轮处于理想的运动状态。

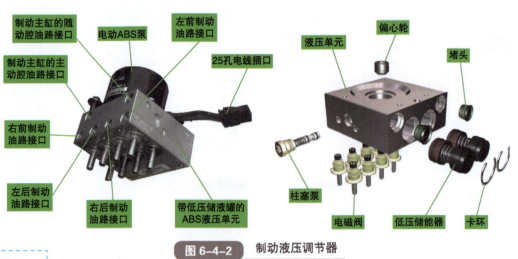

图 6-4-2　制动液压调节器

电磁阀有多种类型，下面以用较为常用的二位二通阀为例介绍其结构原理。二位二通电磁阀分为常开式和常闭式。它主要包括两个电磁阀，均由阀门、衔铁、电磁线圈、复位弹簧等组成。常态下，二位二通常开式电磁阀阀门在弹

36.ABS 泵的拆卸与更换

簧张力作用下打开，二位二通常闭式电磁阀在弹簧张力作用下闭合。

二位二通常开式电磁阀用于控制制动主缸到制动轮缸的制动液通路，又称为二位二通常开进液电磁阀。二位二通常闭式电磁阀用于控制制动轮缸到储液器的制动液回路，又称为二位二通常闭出液电磁阀。两个电磁阀配套使用，共同完成 ABS 工作中对制动压力调节的任务。

2. ABS 工作原理

ABS 工作原理：轮速传感器信号传给电子控制单元（ECU），ECU 通过运算，计算出车轮的速度、滑移率和汽车减速度，并根据不同车轮的不同工作状态，通过比较、分析和判定，对制动压力调节器发出控制指令，使制动压力调节器中的电磁阀直接或间接控制制动力的大小，使滑移率保持在规定的范围内。其工作过程可分为常规制动、压力保持、制动压力下降、制动压力增加四个阶段。

（1）常规制动

如图 6-4-3 所示，在正常状态下，当制动踏板被踩下时，制动液压力从制动主缸被传递到调节器总成。制动液从制动主缸出来，然后通过正常打开的进液电磁阀进入每个制动器，在制动器回油路上的出液电磁阀被关闭，因此没有制动液返回制动主缸，此时各制动轮缸的的压力随制动主缸的输出压力而变化。

（2）制动压力保持

电子控制单元（ECU）通过车轮传感器信号感知一个车轮临近抱死时，ABS 进入保压过程。电子控制单元（ECU）给进液电磁阀通电使其关闭，出液电磁阀仍然关闭。此时，制动主缸制动液的压力不再流回制动轮缸，制动轮缸的制动液也不会流出，因此制动器中将保持恒定的制动力如图 6-4-4 所示。

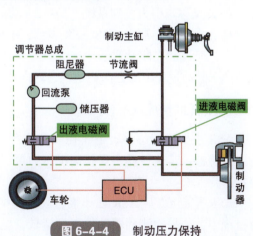

图 6-4-3　常规制动　　　　图 6-4-4　制动压力保持

（3）制动压力下降

如果电子控制单元（ECU）仍然检测到右前轮将要抱死，它将使出液电磁阀通电，出液电磁阀从关闭状态变为打开状态,制动轮缸中的制动液经过储压器流向ABS泵,再经ABS泵流回制动主缸,制动轮缸的制动压力迅速减小,制动钳中的压力开始被解除,如图6-4-5所示。

(4)制动压力增加

如果电子控制单元(ECU)检测到抱死状态已被解除,则压力将需要再次增加,进液电磁阀和出液电磁阀被断电,进液电磁阀被打开,出液电磁阀关闭。此时,电磁阀模式和正常状态的模式相同,制动主缸向制动轮缸补充制动液,制动轮缸中制动压力增大如图6-4-6所示。

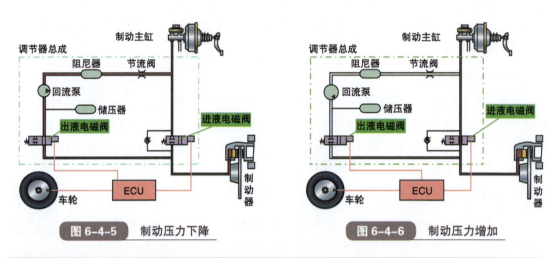

图6-4-5 制动压力下降   图6-4-6 制动压力增加

6.4.2 驱动防滑系统(ASR)

ASR又称牵引力控制系统,是ABS功能的补充和完善。ASR可独立设立,但大多数与ABS组合在一起,常用ABS/ASR表示,统称为防滑控制系统。不仅能在制动过程中防止车轮抱死,而且能在驱动过程中(尤其是起步、加速和转弯过程中)防止驱动车轮滑转,以保持汽车驱动过程中的方向稳定性、转向控制能力和加速性能。

1. ASR的组成及工作原理

ASR主要由传感器、电子控制和执行器组成,如图6-4-7所示。ASR的传感器主要是轮速传感器,其执行器主要是制动压力调节器(ABS液压调节器)和发动机输出功率调节装置。

ASR控制原理:ASR在车辆行驶过程中不断检测轮速传感器等的输入信号。在车辆加速过程中,如果检测到驱动轮正向滑转,电子制动控制模块向发动机控制模块(ECM)发出降低转矩请求信号。ECM采取断缸、延迟点火、改变空燃比或升高变速器档位(由变速器控制模块完成)等措施来降低输出转矩。如果车辆配置了电子节气门,ECM还可以通过减小节气门开度来降低发动机输出转矩。如果ECM无法完全解决驱动车轮滑转现象,ASR就会主动给滑转的驱动轮施加制动力,以阻止驱动轮滑转。此时,动力将通过差速器传递给具有更大附着力的其他驱动轮。ASR 在工作过程中,所有非驱动轮的进液电磁阀都关闭,以确保非驱动轮处于自由滚动状态。

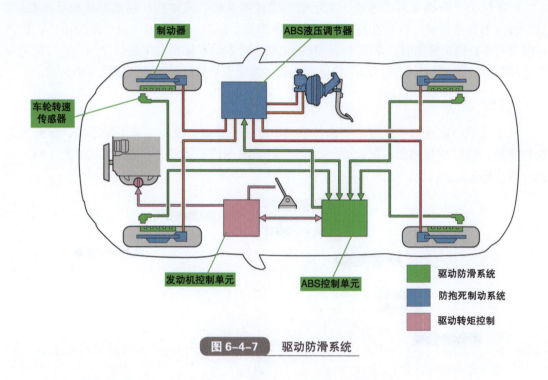

图 6-4-7　驱动防滑系统

2. ABS 与 ASR 对比

ABS 与 ASR 对比见表 6-4-2 所示。

表 6-4-2　ABS 与 ASR 的对比

相同之处	不同之处	
	ABS	ASR
ASR 和 ABS 都是控制车轮和路面的滑移率,以使车轮与路面之间保持良好的附着力	防止车轮抱死滑移,提高制动效果,确保制动安全	防止驱动车轮原地不动而不停地滑转,在汽车起步、加速及滑溜路面行驶时,确保行驶稳定性
	针对所有车轮	只对驱动车轮起作用
	在制动作时起作用,车速很低时不起作用	在整个行驶过程中都工作
	控制制动力	控制制动力和发动机输出功率

6.4.3 电子稳定性程序（ESP）

ESP 组合了防抱死制动系统、电子牵引力控制系统、驱动防滑控制系统的基本功能，是一种主动安全系统。汽车在行驶过程中出现侧滑、甩尾，或出现明显的转向不足、转向过度引起车辆侧翻倾向时，系统指令 ABS 和 ASR 对发动机输出功率进行控制，并对相关车轮施加制动，及时纠正车辆行驶不稳定的趋势，保证正常的行驶轨迹，避免车辆失控。

1. ESP 组成

汽车电子稳定性程序一般主要由传感器（轮速传感器、横向加速度传感器、纵向加速度传感器、横摆率传感器、转向角传感器、制动液压传感器等）、电子控制单元（ECU）、执行器及警告装置组成，如图 6-4-8 所示。

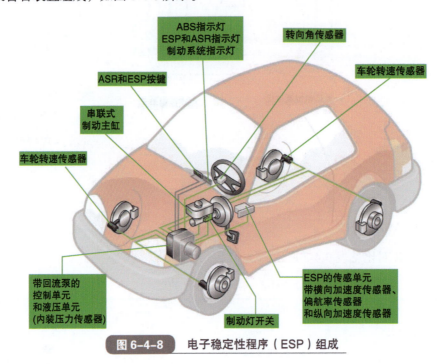

图 6-4-8　电子稳定性程序（ESP）组成

ESP 主要通过设置在车身的传感器获得信号，并由 ECU 进行处理后反馈给控制系统。ESP 传感器还向控制装置提供汽车在任何瞬间的运行状态信息。ESP 主要传感器及其功能见表 6-4-3 所示。

表 6-4-3　ESP 主要传感器及功能

传感器	描述
转向角传感器	监测方向盘旋转角度，帮助确定汽车行驶方向是否正确
轮速传感器	监测每个车轮速度，确定汽车是否打滑
偏航率传感器	记录汽车绕垂直轴线的运动，确定汽车是否打滑
横向加速度传感器	检测汽车转弯时产生的离心力，确定汽车通过弯道时是否打滑
制动液压传感器	检测制动管路内的实际压力信号，从而计算出车轮制动力作用在车上的纵向力

2. 工作原理

汽车在转弯过程中会出现打滑现象，当前轮出现打滑时产生转向不足，当后轮出现打滑时产生转向过度。当以上两种情况出现时，汽车电子稳定系统就开始工作。

ESP 控制系统通过转向角传感器确定驾驶员要求的行驶方向，同时通过轮速传感器和偏航率传感器来计算车辆的实际行驶方向。当 ESP 控制系统检测到车辆行驶轨迹与驾驶员的要求不符时，ESP 控制系统可利用 ASR 控制系统中的发动机转矩减小功能，向发动机控制模块发送一个串行数据通信信号，请求发动机减小输出转矩。如果车辆继续侧向滑移，则 ESP 控制系统将实行主动制动干预。

（1）转向不足的调整

车辆行驶在左弯道上，由于转向不足，车辆会冲向弯道外侧，ESP 控制系统将控制电磁阀动作给左后轮施加制动力，由此产生逆时针方向的力矩，使汽车回到正常的轨道上。

（2）转向过度的调整

在同样弯路中行驶，当过度转向使车辆向右甩尾时，ESP 传感器测得车轮滑动，并将信息迅速传送到 ECU，判定车辆为转向过度，马上向 ECM 发出降低转矩信号，然后通过 ASR 对外侧前轮进行有限的制动，由此产生顺时针方向的力矩，使汽车保持在原来正确的行驶轨道内。

6.5 电子驻车及自动驻车系统

电子驻车及自动驻车系统将机械式驻车制动系统的驻车制动拉杆变成了电子按钮，制动盘和制动片的压紧力不是来自驾驶员的作用力，而是来自电动机产生的转矩，并通过机械传动机构使制动盘与制动片压紧。电子驻车及自动驻车系统由电子控制器，根据相关传感器和开关信号来判断是否需要驻车制动，或解除驻车制动，一般还有坡道起步辅助、动态紧急制动、自动驻车功能。

6.5.1 电子驻车及自动驻车系统的组成及基本原理

电子驻车及自动驻车系统主要由离合器位置传感器、驻车制动按钮、自动保持开关、电子控制单元、ABS 控制单元、后轮制动执行器等组成，如图 6-5-1 所示。

1. 后轮制动器

（1）结构组成

整合卡钳式电子驻车制动系统的后轮制动执行器由制动电动机、多级变速器、制动活塞、斜盘式齿轮等组成，并集成在制动钳中。拉起驻车制动器操纵按钮时，通过制动电动机、多级变速器及螺杆传动，推动制动活塞将制动片压靠在制动盘上，如图 6-5-2 所示。

图 6-5-1　电子驻车系统

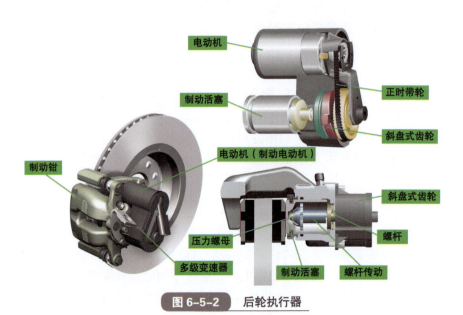

图 6-5-2　后轮执行器

斜盘齿轮直接传动螺杆，将电动机的旋转运动转换为直线运动。螺杆的传动方向决定压力螺母向前或向后移动。压力螺母在制动活塞中有纵向定位件，这意味着它只能做轴向运动，制动活塞的内部结构和压力螺母的外部结构可防止螺母发生扭转，螺杆机构是一个自锁结构，一旦启用电子驻车制动，即使没有供给电流，系统也会保持锁止。

（2）工作原理

按下驻车制动器按钮，电子驻车制动器控制单元会起动电动机。电动机通过传动带和斜盘式齿轮传动给螺杆。螺杆转动，使得螺纹上的压力螺母向前移动。压力螺母移动到制动活塞上，并将其压向制动片。制动片从另一侧压制动盘，此时电动机的耗电量升高，电子驻车制动器控制单元全程测量电动机的耗电量，当耗电量超过一定值时，控制单元切断对电动机的供电。

释放驻车制动器按钮时，螺杆上的压力螺母向后移动。制动活塞被松开并缩回，制动片离开制动盘。

2. 离合器位置传感器

离合器位置传感器用卡箍固定在离合器主缸上，该传感器监测离合器踏板的动作。当踩下离合器踏板时，推杆推动主缸的活塞。离合器踏板及离合器位置传感器如图 6-5-3 所示。离合器位置传感器的结构如图 6-5-4 所示。

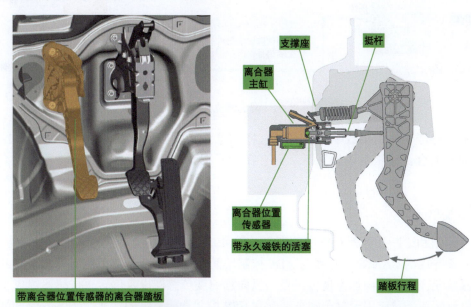

图 6-5-3　离合器踏板及离合器位置传感器

当踩下离合器踏板时，挺杆头和挺杆起沿离合器位置传感器方向被推动。活塞的最前端有一块永久磁铁。3 个霍尔传感器排成一排，集成在离合器位置传感器极板中。永久磁铁一经过霍尔传感器，电子机构便会向相应的控制单元发送信号。

霍尔传感器 1 是一个数字传感器，它将电压信号发送到 ECM，该信号用于关闭巡航控制系统。

霍尔传感器 2 是一个模拟传感器，它将一个频宽可调脉冲信号发送给电子驻车控制单元，以便监测到离合器踏板的准确位置，控制单元可在动态起步时计算出驻车制动的最佳解除时间点。

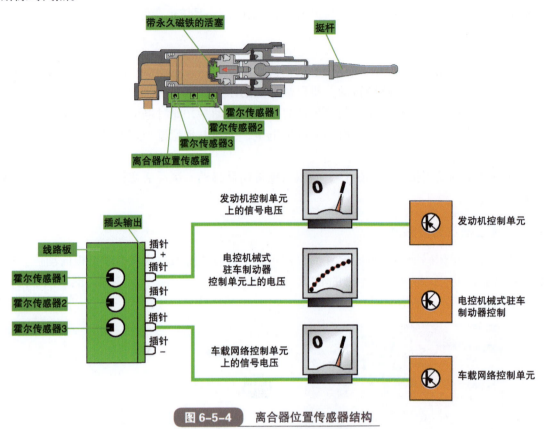

图 6-5-4　离合器位置传感器结构

霍尔传感器 3 是一个数字传感器，它将电压信号发送到车载网络控制单元。控制单元监测的是离合器踏板是否被踩下。只有在踩下离合器踏板后，才可起动发动机（互锁功能）。

3. 电控单元

所有控制和诊断任务都在电子驻车制动单元进行。电子驻车控制单元有两个处理器，并通过一条专用的 CAN 数据总线与 ABS 控制单元相连接。电子驻车控制单元中集成了一个传感器单元，它由横向加速度传感器、纵向加速度传感器以及偏转率传感器组成。来自传感器单元的信号被应用于电子驻车制动和 ESP 控制功能。纵向加速度传感器信号可计算出倾斜角度。

4. 制动踏板位置传感器

若汽车采用自动变速器，便取消了离合器，因而使用制动踏板位置传感器来代替离合器位置传感器，驻车制动控制单元根据制动踏板的位置信号、加速踏板的位置信号，以及发动机转矩来进行控制。

6.5.2 电子驻车及自动驻车系统功能工作过程

1. 驻车制动工作过程

① 按下驻车制动开关把信号输入电子驻车制动控制单元。

② 电子驻车制动控制单元通过专用 CAN 数据总线与 ABS 控制单元互通信息，并确定车速低于 7km/h。

③ 电子驻车制动系统起动两个后车轮制动器制动电动机，实现电控机械式制动。

④ 再次按下驻车制动开关并踩下制动踏板，后轮驻车制动器解除制动或电子驻车制动控制单元满足一定条件后自动解除制动。

2. 坡道起步功能工作过程

① 车辆静止，电子驻车制动控制单元根据所有参数（车辆倾斜角度、发动机转矩、加速踏板位置、离合器操纵，或选择的前进档位）进行分析后，接通电子驻车制动系统。驾驶员起动车辆，选择 1 档并且踩下加速踏板。

② 控制单元根据所有参数计算出斜坡角度输出转矩。

③ 如果车辆实际输入转矩大于由控制单元计算出的斜坡输出转矩，控制单元起动两个后车轮制动器的制动电动机。

④ 后车轮驻车制动器电控机械式制动解除，车辆起步，起步过程中车轮不会向后滚，也不会向前猛冲。

3. 动态紧急制动功能工作过程

① 按住驻车制动开关。

② 电子驻车制动控制单元与 ABS 控制单元互通信息确定车速是否超过 7km/h。

③ ABS 控制单元起动 ABS 泵，并在液压管路中建立液压制动压力，液压管路与 4 个车轮制动器连接，车辆被制动。

④ 若松开驻车制动开关或操纵加速踏板，控制单元将解除车辆驻车制动。

4. 自动驻车（Aoto Hold）功能工作过程

① 接通 Auto Hold 功能。车辆静止，并且通过 4 个车轮制动器液压制动。根据车辆倾斜度，ABS 控制单元计算出必须的液压压力并进行调整。

② 3min 后，制动方式由液压式转换成了电控机械式。ABS 控制单元将计算出的制动力矩传递给 4 个车轮制动器。

③ 电子驻车控制单元起动两个后轮制动器制动电动机，使制动方式转为电控机械式，同时制动压力自动降低。

④ 当车辆需要起步时，控制单元会根据发动机转矩、加速踏板位置、离合器操纵的信号，自动解除自动驻车功能。

第 7 章 汽车空调系统

Chapter 7

7.1　汽车空调系统总体构成　　176

7.2　汽车空调系统工作原理　　177

7.3　汽车空调系统主要零部件　　180

7.1 汽车空调系统总体构成

7.1.1 汽车空调的组成及功能

汽车空调主要由制冷装置、暖风装置、通风装置、空气净化装置和控制装置等部分组成。它的目的是为了调节车内空气的温度（即提供冷气与暖气）、湿度、空气流速和清洁度，使驾驶员和乘客感到舒适。

制冷装置：对车内空气或车外流进的新鲜空气进行冷却或除湿，使车内空气变得凉爽舒适。

暖风装置：主要用于取暖，对车内空气或车外流进的新鲜空气进行加热，达到取暖、除湿的目的。

通风装置：将外部新鲜空气吸进车内，起通风和换气作用；同时，通风对防止风窗玻璃起雾也起着良好的作用。

空气净化装置：除去车内空气中的尘埃、臭味、烟气及有毒气体，使车内空气变得清洁。该装置仅用于高端车型。

控制装置：对制冷和暖风装置的温度、压力进行控制，同时对车内空气的温度、风量、流向进行控制，保证汽车空调的正常工作。

7.1.2 汽车自动空调与手动空调的区别

汽车空调按自动化控制程度可分为手动空调（MTC）和自动空调（ATC）两种，在手动空调系统中，进气源、空气温度、空气分配及鼓风机速度等功能，都是驾驶员通过旋钮或拨杆进行手动调节选择的。在自动空调系统中，自动监控并调节温度、鼓风机速度和空气分配。

自动空调在通风配气系统和控制系统上与手动空调有差别，自动空调由各传感器检测相关信息输送给空调单元，各风门的控制改由伺服电动机控制，鼓风机可以自动改变转速。

7.1.3 自动空调的组成及功能

自动空调控制系统如图 7-1-1 所示，自动空调控制系统由车内温度传感器、车外温度传感器、阳光传感器、散热器、控制单元等组成。

自动控制系统原理是根据各传感器检测到车内的温度、蒸发器温度、发动机冷却液温度以及其他有关的开关信号等输出控制信号，控制散热器风扇、冷凝器风扇、压缩机离合器、鼓风机电动机及通风控制电动机的工作状态，实现车内温度、湿度、风速自动控制在设定的模式。

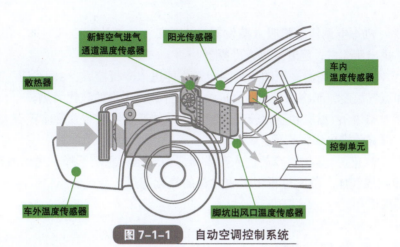

图 7-1-1　自动空调控制系统

7.2 汽车空调系统工作原理

7.2.1 制冷原理与结构

空调制冷系统主要由空调压缩机、冷凝器、储液干燥器、高低压管路、高压压力开关等组成。通过制冷剂在系统内循环流动，从液态变为气态的转换过程将车内的热量传递到车外，以实现车内降温。制冷剂在空调制冷循环系统内的四个工作过程分别为：压缩 - 冷凝（放热）- 膨胀（节流）- 蒸发（汽化）。它的工作过程如图 7-2-1 所示。

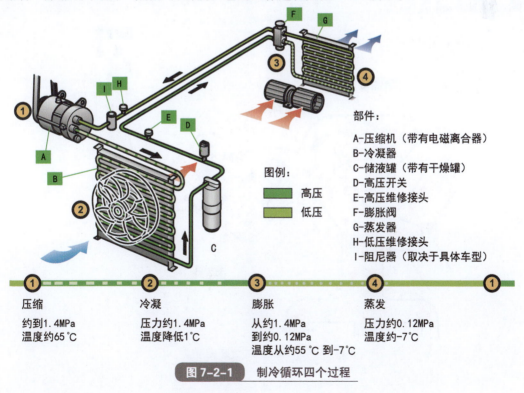

图 7-2-1　制冷循环四个过程

压缩过程：汽车空调压缩机吸入蒸发器出口的低温、低压制冷剂气体，把它压缩成高温、高压气体排出压缩机，经管道进入冷凝器。

冷凝过程（放热）：高温高压的过热制冷剂气体进入冷凝器后，由于温度的降低，达到制冷剂的饱和蒸气温度，制冷剂气体冷凝成液体，并放出大量的液化潜热。

膨胀过程（节流）：温度和压力较高的制冷剂液体通过膨胀装置后体积变大，压力和温度急剧下降，以雾状排出膨胀装置。

蒸发过程（汽化）：雾状制冷剂进入蒸发器，由于压力急剧下降，达到饱和蒸气压力，制冷剂液体蒸发成气体。蒸发过程中吸收大量的汽化潜热，变成低温、低压气体后，进入压缩机开始再次循环。

7.2.2 暖风原理与结构

1. 空调暖风系统的工作原理

目前大部分的轿车采用水暖式暖风系统，水暖式暖风系统实际上是发动机冷却系统的一部分，大致可分为两大部分，即热水循环回路和配气装置。

热水循环回路与发动机的冷却系统相连通，借助于发动机的水泵实现热水循环。来自发动机冷却系统的热水从进水管流经热交换器进入散热器，然后经由出水管回到发动机的冷却系统，实现回路的循环。在通风装置中，由风机（鼓风机电动机）强制使空气循环运动。空气经由进风口被吸入，流经加热器时将被加热，并由出风口导出，进入车厢内实现取暖，如图7-2-2所示。

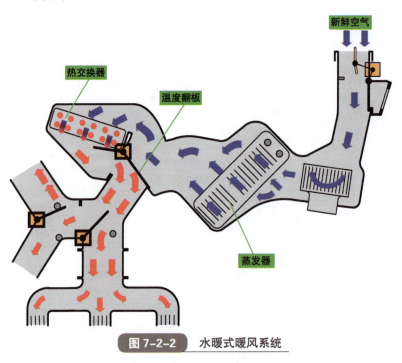

图7-2-2　水暖式暖风系统

2. 空调暖风系统主要部件结构

1) **热水阀**。热水阀又称加热器控制阀,它安装在发动机冷却液通道中,用于控制进入加热器芯的发动机冷却液的流量,可以通过空调控制面板上的温度调节旋钮或按键进行操控。

2) **鼓风机**。鼓风机的作用是加强冷凝器或加热器的换热效果。鼓风机电动机总成由电动机和风扇组成。根据空气流动方向的不同,风扇可分为轴流式和离心式两种。汽车空调的鼓风机通常采用离心式风扇,它的风压高,可以迅速将冷空气或热空气吹到车厢各个位置,工作效率高。鼓风机外观如图 7-2-3 所示。

3) **加热器芯**。加热器芯由管子和散热片等构成。新式的加热器芯的管道上有凹坑,可改善热量输出性能。加热器芯的形状与散热器相似。当热水阀打开时,加热后的发动机冷却液部分流经加热器芯,为车厢内乘员提供所需的热空气。整体式的空调器将加热器和蒸发器组装在一个箱体内,共用一个鼓风机和外壳,但是两者之间用阀门隔开,可以实现全功能空调。

图 7-2-3　鼓风机

7.2.3 通风原理与结构

汽车装有空调通风配气系统。相对封闭的汽车车内,只有温度的调节不能满足舒适性的要求,它不但需要有新鲜空气的补充,还要对狭小的车厢内部空间的气流进行调配。

1. 汽车空调通风系统

通风系统用来提高车内空气的含氧量,降低 CO_2、粉尘、烟气等有害物质的浓度,为车内驾乘人员提供健康和舒适的环境。汽车空调的通风有自然通风、强制通风和综合通风 3 种方式。

(1) 自然通风

利用汽车行驶时空气对汽车外部车身所产生的风压为动力,使外部空气进入车内。车辆在行驶时,气流与车身接触部位不同,将产生不同的压力。在适当的地方开设进风口和排风口就可以实现车内的自然通风换气。通常将进气口设在产生正压力的部位,排气口安装在产生负压力的部位。

(2) 强制通风

强制通风是利用鼓风机强制将车外空气送入车内进行通风换气的。

(3) 综合通风

综合通风指一辆汽车上同时采用自然通风和强制通风两种通风方式。最简单的综合通风系统是在自然通风的基础上安装强制通风扇，根据需要可分别或同时使用，综合通风能基本满足各种气候条件下通风换气的要求。

2. 空气净化

为了保持车内空气洁净清新，除了通风换气以外，还必须采用净化装置去除车外空气携带的粉尘、有害气体及异味。汽车空调系统的空气净化装置常采用空气过滤式和静电除尘式。

（1）空气过滤式

在空调的进风口设置空气滤清器。汽车空调一般选用直径约为10μm的中孔聚氨酯泡沫塑料、化纤无纺布和各种人造纤维作为过滤器。它能过滤掉空气中的灰尘和杂物，结构简单，只需定期清理滤网上的灰尘和杂物即可。

目前，很多车型粉尘及花粉过滤装置还附带活性炭过滤层。例如，一汽大众迈腾轿车，过滤器中安装有活性炭过滤层，可以滤除气态的有害物质，如臭氧、一氧化碳等。粉尘及花粉过滤器中还安装有空气质量传感器，可以检测空气质量，以便辅助控制新鲜空气翻板。

（2）静电除尘式

有些车型在空气进口的空气滤清器后再设置一套静电集尘装置，或单独安装一套用于净化车内空气的静电除尘装置。

3. 汽车空调配气系统

根据乘员要求，汽车空调必须不仅能将新鲜空气引入车厢内，而且能将冷气、热风、新鲜空气有机地进行配合调节，形成冷暖与湿度适宜的气流，经各个出风口吹出。配气系统主要由各种风门、风道及控制单元组成，分别使空气吹向面部、脚部及风窗玻璃上。

7.3 汽车空调系统主要零部件

7.3.1 空调压缩机

汽车空调压缩机是制冷系统的"心脏"，其作用是吸入来自蒸发器的低温、低压气态制冷剂，将其压缩成高温、高压气态后送往冷凝器，保证制冷剂在系统中循环流动。目前，汽车常用的压缩机有斜盘式压缩机、涡旋式压缩机两种。

1. 斜盘式压缩机

斜盘式压缩机，又称旋转斜盘式压缩机，是一种轴向往复活塞式压缩机，由离合器、驱动轴、斜盘、活塞、进气调节阀等组成，其结构如图7-3-1所示。

第7章 汽车空调系统

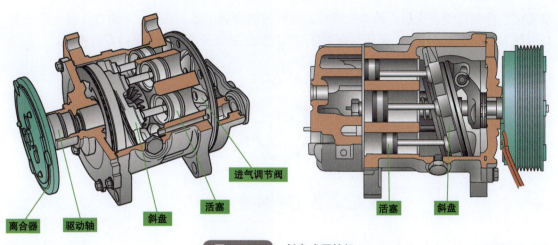

图 7-3-1　斜盘式压缩机

斜盘与压缩机驱动轴固定在一起，斜盘的边缘装合在活塞中部的槽中，活塞槽与斜盘边缘通过球轴承支承在一起。当驱动轴旋转时，斜盘也随着旋转，斜盘边缘推动活塞做轴向往复运动。如果斜盘转动一周，前后两个活塞各完成压缩、排气、吸气一个循环，相当于两个气缸起作用。

2. 涡旋式压缩机

新能源汽车常用涡旋式压缩机，涡旋式压缩机与控制器集成一体，通过电动机自身的旋转带动涡旋盘旋转，完成制冷剂的吸入、压缩和排出，为制冷循环提供动力。涡旋式压缩机结构如图 7-3-2 所示，由驱动轴、螺旋形外盘和螺旋形内盘组成。

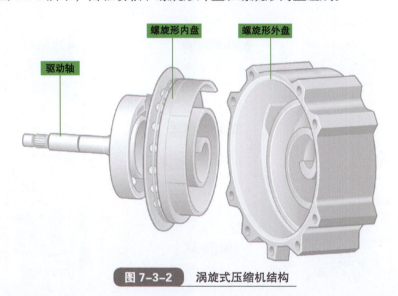

图 7-3-2　涡旋式压缩机结构

涡旋式压缩机工作原理如图 7-3-3 所示。螺旋型内盘由驱动轴驱动并进行偏心旋转。通过固定式螺旋形外盘上的两个开口吸入低温、低压气态制冷剂，然后通过两个螺旋形盘的移动使制冷剂压缩、变热。转动三圈后,吸入的制冷剂压缩、变热,可通过外盘中部的开口以气态形式释放。高温、高压气态制冷剂从此处经油气分离器向冷凝器方向流动。

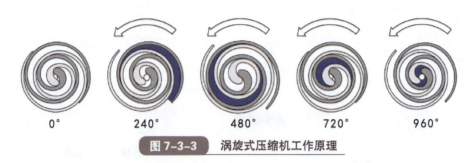

图 7-3-3　涡旋式压缩机工作原理

7.3.2　电磁离合器

在汽车空调系统中,电磁离合器一般安装在压缩机前端面,其作用是控制发动机与压缩机的动力传递。电磁离合器由带轮、电磁线圈、有毂的弹簧片等主要部件组成,如图 7-3-4a 所示。弹簧片的毂固定在压缩机驱动轴上。带轮装在压缩机壳体上的轴输出端,并可转动。电磁线圈与压缩机壳体刚性连接在一起,弹簧片和带轮之间有一个间隙"A"。

发动机通过多楔带来驱动带轮,如图 7-3-4b 所示,在压缩机关闭时带轮在空转。如果接通了压缩机,那么电磁线圈中就有电流流过,于是产生一个磁场。该磁场将弹簧片拉靠到旋转着的带轮上(此时间隙"A"就不存在了),于是就在带轮和压缩机的驱动轴之间建立起力的传递关系,这时压缩机开始工作。

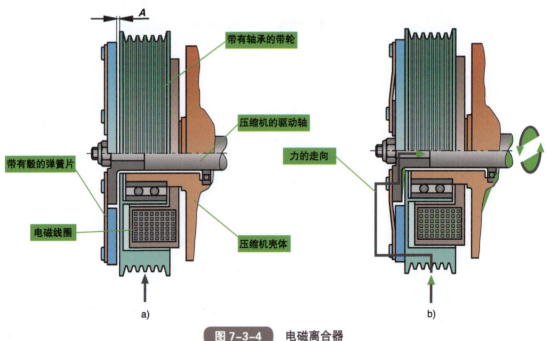

图 7-3-4　电磁离合器

只要电磁线圈中的电流不中断，压缩机就一直在工作。电磁线圈电流中断后，弹簧力就将弹簧片从带轮上拉开，这时带轮又开始自由转动（不与压缩机一同转动）。

压缩机压盘间隙的检查。用塞尺测量带轮与压盘之间的间隙。检测结果应符合规定值（0.35~0.6mm）。

电磁离合器电磁线圈的检查。电磁离合器电磁线圈的电阻检查，电阻值应符合规定值（4~4.5Ω），否则应更换电磁离合器。

7.3.3 冷凝器与蒸发器

冷凝器和蒸发器是用来实现两种不同温度流体之间的热量交换的装置。

1. 冷凝器

冷凝器的作用是将压缩机排出的高温、高压制冷剂蒸气进行冷却，使之凝结为液体。一般安装在散热器之前，利用发动机冷却风扇将放出的热量传到空气中，其结构如图 7-3-5 所示。

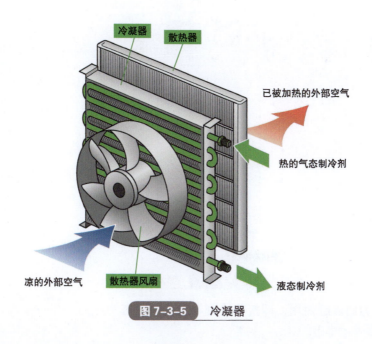

图 7-3-5　冷凝器

2. 蒸发器

蒸发器的作用是将膨胀阀出来的液态制冷剂汽化，并吸收蒸发器周围空气的热量而使之降温，鼓风机再将冷风吹到乘客舱内，让乘客舱内的空气冷却。它多安装于汽车驾驶室仪表台下方的再循环外壳内。蒸发器如图 7-3-6 所示。

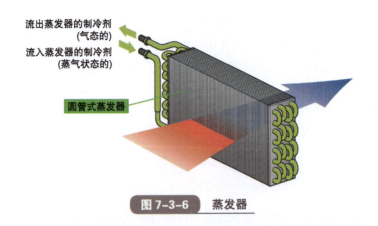

图 7-3-6　蒸发器

7.3.4　储液干燥器与膨胀阀

从压缩机来的液态制冷剂从侧面进入制冷剂储液罐，在这里汇集并流过干燥器，再经立管以不间断、无气泡液流状态流向膨胀阀。

储液干燥器的全名为储液干燥过滤器，其结构如图 7-3-7 所示。它安装在冷凝器与膨胀阀之间，主要作用如下：

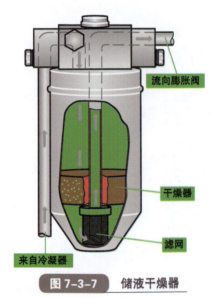

图 7-3-7　储液干燥器

① 可以作为储液罐使用，即接收冷凝器流出的液态制冷剂，并一直将其保留在罐内，直到蒸发器需要时才排出。

② 过滤制冷剂中的水分和杂质。

③ 防止气态制冷剂进入蒸发器。

④ 为液态制冷剂提供缓冲空间。

储液干燥器排出的制冷剂作为高压液体流入膨胀阀（图 7-3-8），当高压液体形式的制冷剂流经膨胀阀的节流孔时，制冷剂被强制流过此小孔并在另一侧喷出。这样就产生一个压力差，制冷剂的温度和压力得以降低，雾化的制冷剂可流过蒸发器并汽化。因此膨胀阀就是制冷剂循环管路中高压侧和低压侧的分离点。

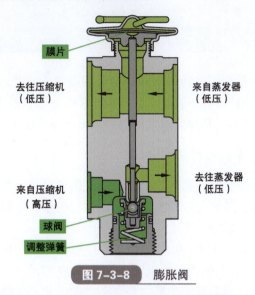

图 7-3-8　膨胀阀

该膨胀阀采用热控制方式,它的调节元件是热胀盖和球阀。热胀盖内膜片的一侧充满了一种专用气体,另一侧通过压力平衡孔与蒸发器出口(低压)相连。球阀通过一个推杆来操纵。低压一侧的温度就决定了专用气体的压力,也就决定了制冷剂的喷射量。该膨胀阀总是与隔热垫装在一起。如果膨胀阀上没有装上隔热垫,那么已经设定好的调节曲线就会发生改变。

7.3.5　制冷剂与冷冻油

制冷剂在空调系统中有如下作用:吸收热量、携带热量、释放热量。制冷剂性的性能对制冷循环有重要影响,因此应根据不同制冷装置的特点,合理选择制冷剂。目前,车辆普遍使用的制冷剂为 R-134a,制冷剂 R-134a 为无毒、阻燃、透明、无色的液化气体。

冷冻油是压缩机的专用润滑油,是压缩机正常运转、可靠工作和延长寿命的保证。同时,它还具有密封、冷却、降噪的作用。

制冷剂泄漏的检查。汽车空调制冷系统多数故障与制冷剂的泄漏有关,用电子检漏仪检漏较为普遍。保持仪器探头距管路 6~8cm,以 3~5cm/s 的速度移动探头,检查所有焊接点是否开裂,压力开关和膨胀阀是否泄漏或损坏,当检漏装置发出报警时,即表明在该处存在泄漏。

7.3.6　空调高压管、空调低压管、空调压力开关

车辆采用空调高压管与低压管(空调硬管和/或软管)将空调制冷系统连接成一个密闭的系统,制冷剂与冷冻油在这个密闭系统里流动,完成制冷剂的工作循环过程。空调硬管由铝管和相应接头组成,空调软管由橡胶软管和相应的接头组成。空调压力开关属于三态

压力开关，负责传送空调压力信号。

7.3.7 传感器

在空调系统中，ECU 是根据各种传感器的信号和设定的温度进行自动调节，以达到车内预定的温度的。不同车型所用的传感器会有不同。相关传感器主要有车内温度传感器、车外温度传感器、阳光传感器、蒸发器温度传感器、出风口温度传感器等。

1. 车内温度传感器、车外温度传感器

车内温度传感器和车外温度传感器影响车内空气温度的自动控制，这些传感器都是对温度敏感的热敏元件，传感器的电阻和温度成反比对应关系，电阻值确定了传给空调控制模块信号的级别。

车内温度传感器吸入车内空气，以确定乘客舱的平均气温，用于确定温度风门的位置、鼓风机的转速、进气门的位置及模式门的位置，如图 7-3-9 所示。

车外温度传感器又称外部温度传感器，是自动空调的重要传感器之一，它能影响出风口空气的温度、出风口风量、模式风门和进气风门的位置等。一般安装在前保险杠内或散热器如图 7-3-10 所示。

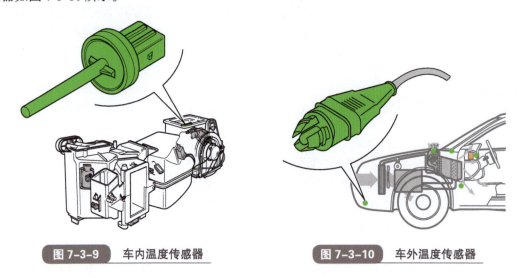

图 7-3-9　车内温度传感器　　　　图 7-3-10　车外温度传感器

2. 阳光传感器

阳光传感器位于仪表板上部装饰衬垫中间。阳光传感器如图 7-3-11 所示。阳光传感器通过测量阳光的强弱来修正温度风门的位置与鼓风机的转速。当阳光增强时，温度风门移向"冷"侧，鼓风机转速提高；反之，当阳光减弱时，温度风门移向"热"侧，鼓风机转速降低。实时自动调整空调风量和冷、热风混合比例，让所有乘员均能获得最舒适的感觉。

3. 蒸发器温度传感器

蒸发器温度传感器一般安装在蒸发器翅片上。蒸发器温度传感器的作用是检测蒸发器

表面的温度,一是用来修正空气混合风门位置,调节车内温度;二是控制鼓风机的转速;三是控制压缩机,防止蒸发器表面结冰。

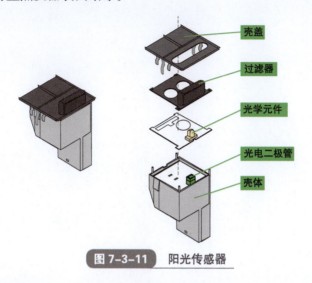

图 7-3-11　阳光传感器

7.3.8　伺服电动机

在自动空调系统中,温度翻板、中央翻板、脚坑/除霜翻板这些空气翻板的调节过程是由伺服电动机来完成的,循环空气翻板也是由伺服电动机来调节的。这些伺服电动机布置在与相应翻板轴等高处,接收来自空调控制单元的相应控制信号。每个伺服电动机都配有一个电位计。这个电位计通过一个反馈值来将翻板的位置告知空调控制单元。伺服电动机(执行元件)就将电气输出信号转化成一个机械运动量,如图 7-3-12 所示。

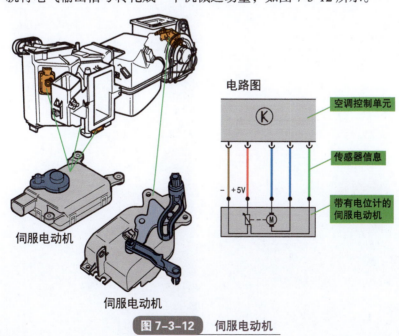

图 7-3-12　伺服电动机

第 8 章 汽车照明系统

Chapter 8

8.1　照明系统总体构成　　190

8.2　LED 照明系统　　193

8.3　自适应照明系统　　195

8.1 照明系统总体构成

汽车照明系统能够保证车辆在黑夜、恶劣天气及复杂交通状况下的行车安全。汽车照明系统是为了在光线不好的条件下，提高车辆行驶安全性和行驶速度而设置的。照明系统在汽车上的布置如图8-1-1所示。

38.汽车灯光与照明系统

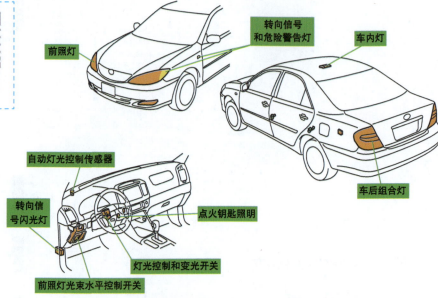

图 8-1-1　照明系统的布置

8.1.1　前照灯

前照灯俗称大灯或头灯，是用于照亮前方路面和环境，以保证汽车全天候安全行驶的照明装置，它主要由灯泡、反射镜和配光镜3部分组成。

1. 灯泡

汽车前照灯灯泡早期使用较多的卤素灯已逐渐被氙气灯、LED灯、激光灯等替代。

（1）卤素灯

卤素灯是一种新型白炽灯，如图8-1-2所示。在制造时将玻璃泡内空气抽出，并充入某种卤素（如碘、溴、氯等）。工作时，利用卤钨再生循环反应延长灯泡的使用寿命。

（2）氙气灯

氙气灯也称高压气体放电灯，主要由石英灯泡、升压器和电子

图 8-1-2　卤素灯

控制单元组成,如图 8-1-3 所示。它的原理是在抗紫外线水晶石英玻璃管内,以多种化学气体填充,其中大部分为氙气与碘化物等惰性气体。通过升压器(安定器)将汽车上的 12V 直流电瞬间升压至 23000V,激发石英管内的氙气电离,在两电极之间产生光源,这就是所谓的气体放电。氙气灯亮度是卤素灯的 3 倍以上,使用寿命是卤素灯的 10 倍以上,因此它得到了更为广泛的应用。

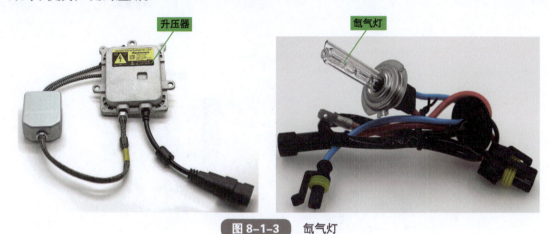

图 8-1-3　氙气灯

(3) LED 灯

LED (Light Emiting Diode) 即发光二极管。如图 8-1-4 所示,LED 灯的能耗仅为卤素灯的 1/20,寿命能达到 50000h 的水平,且结构简单,抗冲击性、抗振性非常好,不易破碎,能够很好地适应各种环境,低压直流电即可驱动,负载小、干扰弱、亮度高,但目前 LED 灯制造成本较高。

图 8-1-4　汽车 LED 前照灯

(4) 激光灯

激光灯的光源是激光二极管,它与 LED 灯相比,可以保持更好的不发散性。激光前照灯比 LED 前照灯照明亮度更高,照射距离更远,体积更小,能耗低 30%,使用寿命更长,弊端同样是制造成本太高。宝马激光前照灯外观如图 8-1-5 所示,激光产生原理如图 8-1-6 所示。

39. 远、近光灯泡的拆装

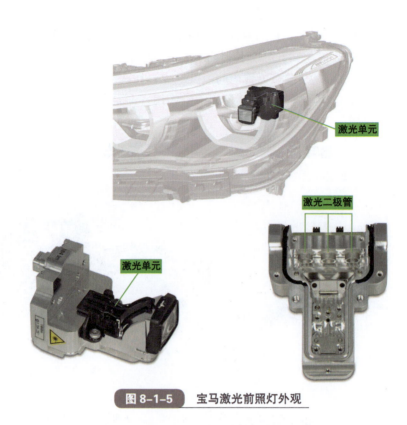

图 8-1-5　宝马激光前照灯外观

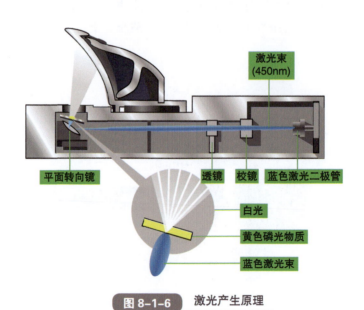

图 8-1-6　激光产生原理

40.倒车灯的检测

2. 反射镜

反射镜的作用是将灯泡的光线聚合并导向前方。

位于反射镜焦点上的灯丝的绝大部分光线向后射在立体角范围内，经反射镜反射后变成平行光束射向远方，使光度增强几百倍甚至上千倍，从而将车前150m以上路面照得足够清楚。一个装有45~60W灯泡的前照灯，如果不使用反射镜，只能照清车前6m左右的路面，加装反射镜后，能照亮车前100~150m的路段。

3. 配光镜

配光镜又称散光玻璃。它是用透光玻璃压制而成的，是多块特殊的棱镜和透镜的组合，外形一般为圆形和矩形，其作用是将反射镜反射出的平行光束进行折射，使车前路面具有良好而均匀的照明。目前，汽车的组合前照灯常将反射镜和配光镜合为一体，既能起到反光作用，又能起到配光作用。

41. 行车灯的测量与更换

8.1.2 其他照明灯

1. 雾灯

雾灯分为前雾灯和后雾灯。前雾灯灯光为黄色或橙色，这两种光的波长较长，有较好的穿透能力，所以前雾灯能在雾天时照亮车前方较远距离的路面。为防止迎面车辆驾驶员的眩目，前雾灯安装在前照灯附近或比前照灯较低的前保险杠下方位置。后雾灯主要是在大雾情况下使用，灯光光色为红色，可使车辆后方其他道路交通参与者更易于发现车辆。

2. 车门灯

当车门打开时，车门等电路接通，车门灯被点亮；当车门关上时，车门灯便熄灭。为了便于驾驶员上、下车或打开其他设备及插入点火钥匙等，有的车门灯电路还设有自动延时器。

3. 倒车灯

倒车灯是倒车时用来照明后方道路并提醒其他车辆和行人注意的照明、信号两用灯。倒车灯的颜色是白色，当驾驶员挂上倒档时，车辆便会自动接通倒车灯。

4. 仪表与开关照明灯

仪表与开关照明灯主要用于夜间行车时仪表及开关的照明。仪表及开关照明灯为驾驶员及时查看仪表及操作提供了便利。

42. 制动灯检测

8.2 LED 照明系统

丰田2008款雷克萨斯LS600Ch是率先部分应用LED前照灯的车型。随后AudiR8车型又推出了全LED前照灯。由于LED光源体积非常小，使灯内布局更随意，LED可采用多光源组合形式，这完全改变了汽车前照灯的形状和布置方式。

43. 转向灯的检测与更换

8.2.1 普通 LED 前照灯

奥迪 A6L（C7）LED 照明系统的 LED 前照灯总成是用发光二极管（LED）作为光源的，如图 8-2-1 所示。一个 LED 前照灯共有 78 个发光二极管并带有散热片。前照灯内部集成有一个风扇，用于防止电子元件过热。根据灯的功能情况，使用了反射镜或者投射模块。驻车灯/日间行车灯和转向灯使用厚壁型光学器件，以便能获得均匀的灯光形状。

图 8-2-1　奥迪 A6L（C7）LED 前照灯

1. 日间行车灯/驻车灯

日间行车灯以及驻车灯都是由 24 个发光二极管组成的，由脉冲宽度调制（PWM）信号来触发。在使用驻车灯功能时，灯泡亮度降低一些。

2. 转向灯

转向灯使用 24 个黄色发光二极管（LED）。在转向灯闪烁过程中，白天行车灯的发光二极管就会关闭。

3. 近光灯

在近光灯工作时，带有总共 14 个发光二极管的 9 个投射模块被激活。白天行车灯的发光二极管变暗至驻车灯状态。

4. 远光灯

在远光灯工作时，除了近光灯和驻车灯的发光二极管亮以外，还会激活 3 组 1×4 发光二极管芯片。远光灯是通过远光灯拨杆或者远光灯辅助系统来激活的。

8.2.2 矩阵式 LED 前照灯

矩阵式 LED 前照灯由多个 LED 灯组成，如图 8-2-2 所示，单个 LED 发光元件均可单独打开、调暗和关闭，如果在数量足够的情况下，矩阵式 LED 灯甚至能组合上百万种灯光。矩阵式 LED 前照灯是现阶段豪华汽车品牌在高端车型上最主流的灯光配置，奥迪 A8L 是第一款搭载该装备的车型。

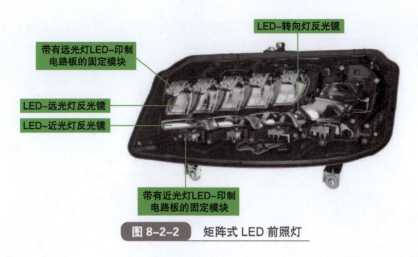

图 8-2-2　矩阵式 LED 前照灯

1. 远光灯

用户通过矩阵式 LED 前照灯可以使用矩阵光柱（Matrix Bean）技术，使用该系统可免除驾驶员夜间行车时不停地变光的麻烦，就是说该系统可承担自动变光任务。矩阵光柱远光灯由 25 个光段组合而成，这些光段相互重叠在一起，组成了远光光束。

识别出道路上有别的车辆时，可以只把此时导致别人眩目的那部分远光灯光段关闭，无论是针对前行车辆还是对向来车均可执行这种操作。这种技术的一个突出优点是：其余那部分远光灯光段（此时并未引起别人眩目的那部分）仍然以远光灯状态照亮着道路。因此就始终能为驾驶员提供尽可能好的道路照明，且最大限度利用远光灯。

前行车辆和对向来车是由摄像头控制单元来识别的。该摄像头控制单元内的图像处理软件通过搜寻别的车的尾灯或者前照灯来识别车辆。若识别出车辆，就会确定其与本车的角度和距离，这些数据随后就会被传至矩阵光柱控制单元。矩阵光柱控制单元计算出哪些远光灯光段可以接通，以及哪些远光灯光段必须要关闭，以避免其他车辆驾驶员产生眩目，这些信息会被传至奥迪矩阵式 LED 前照灯内的功率模块，功率模块会对远光灯的 LED 进行相应的操控。

2. 近光灯

在奥迪矩阵式 LED 前照灯上，近光灯采用非对称型光束（光锥），道路边缘被照亮得更宽，因此就能更快地识别出潜在的危险了。与此相对的是，道路中间被照亮的距离比较短，因为此时最重要的是要避免给对向来的车辆造成眩目。

在每个奥迪矩阵式 LED 前照灯上，近光灯采用 15 个 LED。近光灯光束（光锥）可以照到紧靠车辆的前部区域和再往前的区域，后者中的光束也含有不对称的成分。照到紧靠车辆的前部区域的光束由 9 个 LED 负责，照到再往前的区域的光束由 6 个 LED 负责。

8.3　自适应照明系统

自适应前照灯系统（Adaptive Front-Lighing Systems，AFS），是一种能适应各种不同环境条件的智能前照灯系统,其根据车辆的不同速度、所处环境及天气状况,能通过改变前照灯光束状态自动优化照明,对汽车安全起到极大的作用。自适应前照灯组成如图 8-3-1 所示。

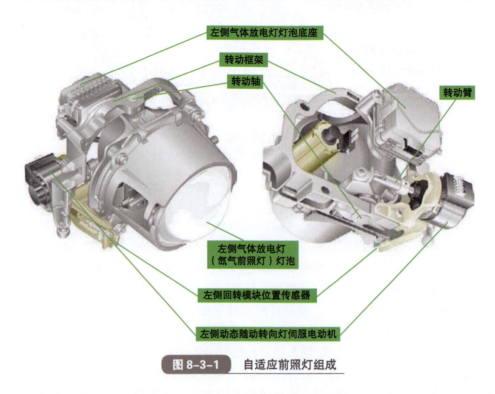

图 8-3-1　自适应前照灯组成

自适应前照灯系统(AFS)是一个由传感器、电子控制器和执行机构组成的自动控制系统,该系统能根据汽车的行驶方向、速度及俯仰角度的变化,对前照灯的照明方向或照明角度进行自动调整,以使驾驶员获得较好的视觉效果。由于需要对多种车辆行驶状态做出综合判断,因此 AFS 是一个多输入、多输出的复杂系统,它的组成如图 8-3-2 所示。

1. 传感器

AFS 需要从不同的传感器取得车辆的各种行驶信息。比如,为了实现弯道旋转照明的功能,除了要从车速传感器获取车速、方向盘角度传感器获取方向盘转角、车身高度传感器获得车身倾斜角度以外,还必须通过其他一些特殊的传感器,获取车辆实际转向角度的信息。

2. 电子控制单元

电子控制单元采集传感器信号,辨识汽车所处的状态及计算车灯所需要的转角,再根据前照灯总成的状态反馈信号,通过控制算法计算出电动机运行频率和转动方向,以便快速而准确地实现车灯需要的转角。

3. 执行机构

AFS 由照明距离调节伺服电动机和动态随动转向灯伺服电动机完成换距离调节、动态随动操作。

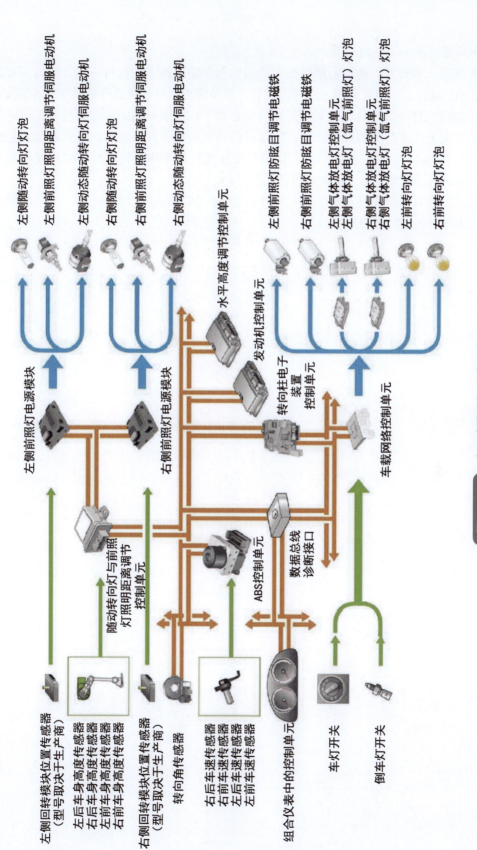

图 8-3-2　自适应前照灯系统组成

4.转弯模式的水平方向调节

当车辆进入弯道时,传统前照灯的光线因为和车辆行驶方向保持一致,所以不可避免地存在照明的暗区。一旦在弯道上存在障碍物,极易因为驾驶员准备不足引发交通事故。

自适应前照灯可以在转弯时对灯光进行动态调节。前照灯内的电动机可以在车辆转弯时在水平方向上改变灯光的照射方向。前照灯的透镜和框架并不转动,灯光转动的角度在转弯方向内侧约15°,外侧约7.5°。这些角度变化可使车辆在转弯时得到更好的照明效果,可在相同灯光强度下得到更大的照亮范围。

自适应前照灯系统在车速小于6km/h时不工作,当车速超过10km/h时,灯光回转的角度主要取决于方向盘转动的角度。

第 9 章 SRS 被动安全系统

Chapter 9

- 9.1 SRS 被动安全系统总体构成 200
- 9.2 SRS 系统主要零部件 202
- 9.3 前部预碰撞安全系统 207

9.1 SRS 被动安全系统总体构成

9.1.1 SRS 被动安全系统组成与分类

1. 系统组成

安全气囊（Supplemental Restraint System，SRS），是一种在汽车内发生二次碰撞前，使气囊迅速膨胀的缓冲装置，使乘员因惯性而移动时扑在"气垫"上，从而缓和乘员受到的冲击并吸收碰撞能量，减轻乘员的伤害程度，它是一种被动安全装置。SRS 被动安全系统组成如图 9-1-1 所示，它主要由传感器、电子控制器、安全气囊组件等组成。SRS 被动安全系统与座椅安全带配合使用，可以为乘员提供有效的防撞保护。

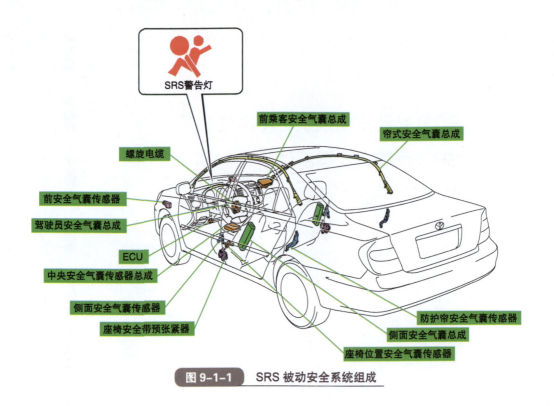

图 9-1-1　SRS 被动安全系统组成

2. 分类

根据安装位置不同，安全气囊分为正面碰撞防护安全气囊系统、侧面碰撞防护安全气囊系统、后排碰撞防护安全气囊系统、顶部碰撞防护安全气囊系统和膝部碰撞防护安全气囊系统等。

9.1.2 SRS 被动安全系统工作原理

1. 工作原理

接通点火开关后，安全气囊系统便开始工作，中央处理器用自检子程序通过检测电路对安全气囊系统器件和电路逐个进行检查，如果有异常，SRS 警告灯就闪亮不熄，提示安全气囊系统有故障，需要读取故障码，检查并排除故障。

当汽车在行驶过程中发生碰撞事故时，首先由安全气囊传感器接收撞击信号，只要达到规定的强度，传感器即产生动作并向电子控制器发出信号。电子控制器接收到信号后，与其原存储信号进行比较，如果达到气囊展开条件，则由驱动电路向气囊组件中的气体发生器送去启动信号。气体发生器接到信号后引燃气体发生剂，产生大量气体，经过滤并冷却后进入气囊，使气囊在极短的时间内突破衬垫迅速展开，在驾驶员或乘员的前部形成弹性气垫，并及时泄漏、收缩，吸收冲击能量，从而有效地保护人体头部和胸部，使之免于伤害或减轻伤害程度，其工作原理如图 9-1-2 所示。

图 9-1-2　SRS 工作原理

2. 工作过程

当汽车以 60km/h 车速与前面障碍物碰撞，驾驶员侧安全气囊系统的动作过程。

1）碰撞约 10ms 后，安全气囊系统达到引爆极限，点火器引爆气体发生剂并产生大量热量，使气体发生剂受热分解，驾驶员此时尚未移动。

2）碰撞约 20ms 后，驾驶员由于惯性力的作用开始向前冲，但还没有到达气囊。

3）碰撞约 40ms 后，气囊完全膨胀展开，体积达到最大，安全带被拉长并起到一定缓冲作用。

4）碰撞约 60ms 后，驾驶员的头部已经开始压向气囊。

5）碰撞约 80ms 后，驾驶员的头部和身体上部继续压向气囊。气囊背后的排气孔打开，在气囊内部的气体压力和人体压力作用下排气，利用排气孔的节流作用吸收能量。

6）碰撞约 100ms 后，驾驶员冲击能量减弱，危险期已接近结束。

7）碰撞约 110ms 后，驾驶员惯性冲击能量消失，随后身体开始后移回到座椅靠背上。这时候，大部分气体已经从气囊中逸出，汽车前方视野恢复。

安全气囊起保护作用的过程中，安全带的缓冲作用为气囊抢在人冲向硬物之前膨胀展开赢得了宝贵的时间。因此，系好安全带对提高汽车被动安全性至关重要。

9.2 SRS 系统主要零部件

9.2.1 传感器

1. 前安全气囊传感器

前安全气囊传感器一般安装在保险杠后与挡泥板之间，并装在一个密封的防振保护盒内，如图 9-2-1 所示，它的作用是感测低速冲撞的信号。

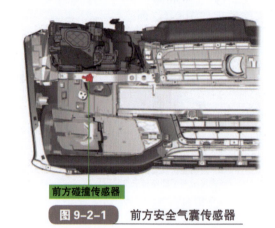

图 9-2-1　前方安全气囊传感器

目前，前安全气囊传感器大多数使用偏心锤式。在传感器本体外侧有一个电阻 R，其作用是对系统进行自检时，检测电子控制器与该传感器之间的线路是正常，还是存在断路或短路。

它的工作原理是：汽车正常行驶时，扭力弹簧将动、静触头定在止点位置，传感器没有触发信号给电子控制器。当汽车冲撞时，惯性力克服弹簧的扭力而使其产生运动，带动触头转动，使动、静触头接触。此时，传感器向电子控制器发生"接通"信号。

在正常情况下，偏心转子和偏心重块在螺旋弹簧力的作用下，紧靠在与外壳相连的止动器上。此时，固定触点和旋转触点并未接合。当发生正面碰撞时，如果碰撞的减速度超过预定值时，由于偏心重块的惯性作用，使偏心重块连同偏心转子和旋转触点作为整体一起转动，使固定触点和旋转触点接触，安全气囊传感器输出电信号。

2. 中央安全气囊传感器

中央传感器装在电子控制器内，用来检测汽车高速时碰撞的激烈程度。电子式中央安全气囊传感器是一个半导体压力传感器，它将传感元件、信号适配器和滤波器等集成在一块集成电路上,具有可靠性高、功能强等优点。

传感器的悬臂架压在半导体应变片的两端,悬臂的质量就是惯性质量,当传感器承受冲击时,悬臂梁会发生弯曲。这一弯曲变形应变电阻片测出,并转换成电信号输出。汽车的速度越大,发生碰撞后产生减速度的力就越大,因此输出的电压也越大。

3. 安全传感器

安全传感器又称触发传感器,通常有两个,一般安装在安全气囊 ECU 内部。它的信号供给安全气囊电控单元,以判断是否真的发生了碰撞,用来防止在非碰撞时气囊出现误动作。

在汞开关式传感器中,当汽车发生碰撞时,减速度将使汞产生惯性力。惯性力在汞运动方向的分力将汞抛向传感器电极,从而将电路接通。

4. 乘客座椅占用识别传感器

乘客座椅占用识别传感器是一种薄膜型触点传感器,该传感器的触点均匀分布在座椅的受力表面,当座椅受来自于外部的压力时产生一个触发信号,因此它可以感知座位上有没有人,假如没有人的话气囊就不会打开,避免安全气囊的浪费。

乘客座椅占用识别传感器工作原理如图 9-2-2 所示。为了识别到座椅是否被占用,必须有两个压力传感器探测到压力,也就是传感器 S1~S4 中的一个压力传感器和传感器 S5~S8 中的一个压力传感器分别探测到压力。

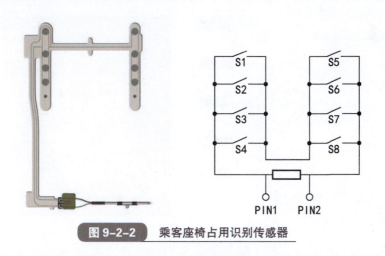

图 9-2-2　乘客座椅占用识别传感器

5. 座椅位置安全气囊传感器

为了能够探测座椅位置,驾驶员和前排乘客座椅装备了座椅位置安全气囊传感器。如图 9-2-3 所示,这些传感器都是霍尔传感器。根据座椅位置传感器的耗电量,安全气囊控制单元识别到座椅是位于座椅调节范围的前三分之一还是后三分之二区域。安全气囊控制单元利用这个信息,在正确的时间激活安全带预张紧器并且实现前排安全气囊的引爆时间自适应性。

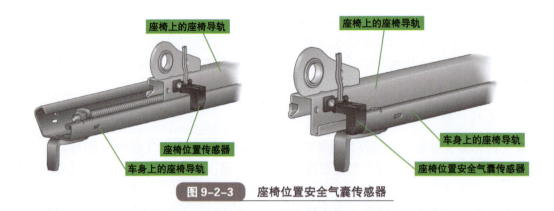

图 9-2-3　座椅位置安全气囊传感器

9.2.2　安全气囊组件

气囊组件主要由安全气囊、气体发生器和点火器等组成。

1. 安全气囊

驾驶员防撞安全气囊装置在方向盘中心处，前排乘客防撞安全气囊装置一般装在仪表板上。气囊在不工作时，折叠成包安放在气体发生器上部与气囊饰盖之间。气囊一般以尼龙纤维材料为主，上面设置有排气孔，充气结束后，排气孔立即排气使气囊变软，以起到缓冲作用，减轻碰撞对驾乘人员的伤害。驾驶员安全气囊如图 9-2-4 所示。

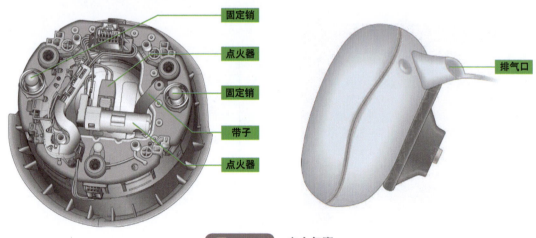

图 9-2-4　安全气囊

2. 气体发生器与点火器

气体发生器的功用是在点火器引爆产气药（气体发生剂）时，产生气体向气囊充气，使气囊张开。根据驾驶员侧或前排乘客侧的使用情况不同，所用的气体发生装置也不同。

驾驶员侧气体发生器，其结构如图 9-2-5 所示。在车辆正面发生严重碰撞时，减速力使气囊传感器触发导通，电流流入点火器点燃起爆药。火焰随即传播到产气药，产气药是由叠氮化钠为原料制成的片状颗粒，产气药受热后产生大量氮气，这些氮气经金属过滤器将灰烬除去再降温后进入气囊内。气囊迅速充气并急剧膨胀，冲破方向盘衬垫，缓冲了驾驶员的碰撞冲击。

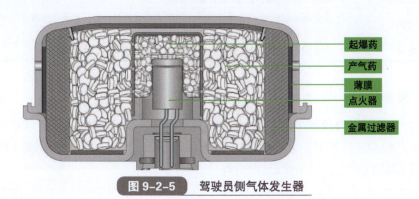

图 9-2-5　驾驶员侧气体发生器

前排乘客侧气体发生器如图 9-2-6 所示，点火器点燃后引燃爆破片 1，随后引起起爆药点火，传播到产气药，产生大量气体，并经气体释放孔到达气囊，使气囊迅速膨胀。

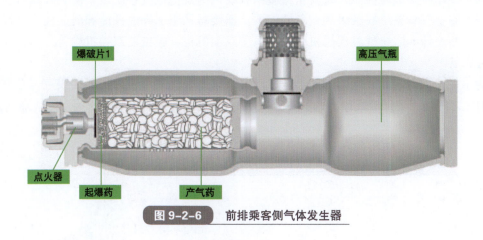

图 9-2-6　前排乘客侧气体发生器

9.2.3　电子控制单元与 SRS 警告灯

1. 电子控制单元（ECU）

电子控制单元（ECU）是 SRS 的控制中心，其组成和功能见表 9-2-1。

表 9-2-1　电子控制单元组成与功能

组成	功能
备用电源	备用电源由备用电容器和直流-直流变压器组成。在碰撞期间一旦电源系统发生故障，备用电容器放电并向系统提供电力。当蓄电池电压下降到一定值时，直流-直流变压器用于提高电压
点火控制与驱动电路	点火控制与驱动电路对中央安全气囊传感器来的信号进行计算，如果计算值比预定值大，就会触发点火，使气囊充气

(续)

组成	功能
安全传感器传感器电路	碰撞产生的减速力大于预设值时导通
诊断电路	此电路持续诊断SRS系统故障。当检测到故障时，将打开组合仪表上的SRS警告灯，对驾驶员进行警告
存储电路	当诊断电路检测到故障时，故障被编成故障码并储存在存储电路中

2. SRS 警告灯

SRS警告灯装在组合仪表上，一般用图形表示，如图9-2-7所示。在正常情况下，点火开关转到ACC或ON位置时，该灯亮约6s，然后熄灭，若6s后依然闪烁或长亮不熄，表示安全气囊系统出现故障，提示应进行检修。

9.2.4 线束插接器和保险机构

为了便于排除故障隐患，将安全气囊系统线束与其他电气系统线束区别开，目前大多数汽车的安全气囊系统线束采用黄色插接器。插接器采用了导电性能和耐久性能良好的镀金端子，并设计有防止气囊误爆机构，如电子双锁机构、连接器双锁机构等，以保证气囊系统可靠工作。

为了保证方向盘具有足够的转动角度而又不至于损伤气囊组件的连接线束，在方向盘和转向柱之间采用了螺旋线束，如图9-2-8所示，也就是将线束安装在螺旋形的线盘内。

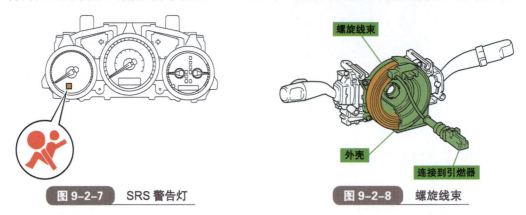

图9-2-7　SRS警告灯　　　图9-2-8　螺旋线束

安全气囊维修注意事项：

① 由于安全气囊系统的故障症状难以确诊，所以故障码就成为排除故障时最重要的信息来源。因此在脱开蓄电池搭铁线之前，务必要检查故障码。

② 检修工作务必在拆下蓄电池搭铁线后至少等待90s后才能开始。这是因为安全气囊系统配有备用电源，如果检修工作在拆下蓄电池搭铁线90s内进行，有可能使安全气囊打开。

③ 安全气囊系统的部件通常不可维修，因此不要试图分解、修理安全气囊控制单元、传感器、安全气囊，以供重新使用，也不要使用其他车型的配件进行替代试验。如果这些

部件的紧固件已经脱落，或在壳体、托架、插接器上有裂纹、凹陷或其他缺陷，应更换新件。

④ 拆卸或搬运安全气囊组件时，安全气囊饰盖一面应朝上。切忌不可将安全气囊组件重叠堆放，以防安全气囊误爆开造成严重事故。

⑤ 在汽车报废或报废安全气囊组件时，应在报废之前使用专用维修工具将安全气囊引爆。引爆有车内引爆和车外引爆两种方式。

9.3 前部预碰撞安全系统

大部分交通意外，从发现状况到实际撞击，间隔有近1s的时间，而现有的安全系统，如安全气囊、安全带收紧装置，只需千分之一秒即可启动。这么长的间隔时间足以启动更安全的预防装置，保障乘客的安全。前部预碰撞安全系统采用防患于未然的主动安全理念，充分利用碰撞前的宝贵时间，尽量避免碰撞，在碰撞不可避免时，提前做好碰撞的防护措施，最大限度地保证驾乘者安全。前部预碰撞安全系统示意图如图9-3-1所示。

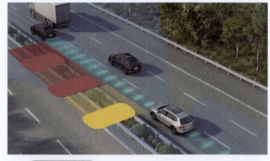

图 9-3-1　前部预碰撞安全系统示意图

1. 前部预碰撞安全系统

前部预碰撞安全系统主要由信号采集装置，数据处理装置，执行机构等组成。

1）信号采集装置：采用毫米波雷达、激光、声呐、红外线、摄像头等技术自动测出自身车辆速度、前车速度以及两车之间的距离。

2）电子控制单元（ECU）：电子控制单元对两车距离以及两车的瞬时相对速度进行处理后，判断两车的安全距离，如果两车车距小于安全距离，电子控制单元就会发出指令。另外一种是计算机计算两车碰撞时间来计算危险程度，进而做出报警及制动指令。

3）执行机构：负责实施电子控制单元（ECU）发来的指令，发出警报，提醒驾驶员制动。如果驾驶员没有执行指令，执行机构将采取措施，比如关闭车窗、调整座椅位置、锁紧安全带、锁死方向盘、自动制动等。

2. 毫米波雷达测距原理

毫米波是指波长介于1~10mm之间的电磁波，车用雷达采用的是30GHz以上的毫米波雷达。雷达是利用目标对电磁波反射来发现目标并测定其位置的。

毫米波频率高、波长短，一方面可缩小从天线辐射出的电磁波射束角幅度，从而减少由于不必要的反射所引起的误动作和干扰，另一方面由于毫米波多普勒频移大，相对速度的测量精度高。毫米波雷达的主要特征如下。

1）稳定的探测性能。不受被测物体表面形状、颜色等的影响；对大气紊流、气涡等同样具有适应性。

2）较好的环境适应性。毫米波雷达的穿透能力很强，其测距精度受雨、雪、雾等天气因素和杂波、污染等环境的影响较小，可以保证车辆在任何天气下的正常运行。

作为车载雷达，目前适用的主要有脉冲多普勒雷达、双频 CW 雷达和 FM 雷达 3 种。应用雷达测距，需要防止电磁波干扰，雷达彼此之间的电磁波和其他通信设施的电磁波对其测距性能都有影响。由于应用毫米波雷达测距易受电磁干扰，而且成本太高，结构复杂，一般使用于高档轿车。

3. 前部预碰撞安全系统的工作原理

毫米级微波雷达装备在车头前，用于探测前方车辆及障碍物。电子控制单元（ECU）将微波雷达及其他传感器信息加以进行采集与运算。当系统判断可能发生碰撞时便发出蜂鸣，并显示警告信号，提醒驾驶员注意危险状况，及时躲避。同时，车辆动态管理系统处于待机状态，随时为驾驶员进行紧急避让操作提供支持。当车辆进一步接近障碍物而驾驶员未做出及时、正确的制动或躲避反应时，系统会判断碰撞不可避免，系统将在碰撞发生前提前锁紧安全带，施加制动力（如果驾驶员没有施加制动），或者加大制动力（相对于驾驶员施加的制动力）。

第10章 电动辅助系统

Chapter 10

10.1　电动门窗系统　　　　　210

10.2　电动天窗系统　　　　　211

10.3　电动后视镜系统　　　　212

10.4　电动座椅系统　　　　　212

10.1 电动门窗系统

电动车窗可使驾驶员和乘客坐在座位上，利用开关使车门玻璃自动升降，操作简单、便利，有利于行车安全。电动车窗主要由车窗电动机、车窗升降调节器和控制开关等组成，如图10-1-1所示。

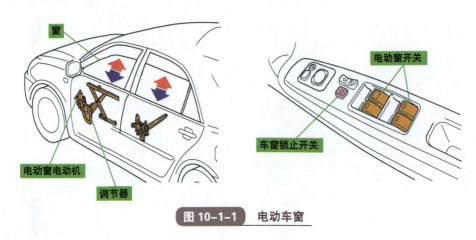

图 10-1-1 电动车窗

1. 电动机

电动车窗一般使用双向永磁式电动机，每个车窗一般安装一个电动机。按下或抬起电动车窗开关，电动机正向或反向转动，通过传动机构将动力传给车窗升降调节器，使车窗玻璃升高或降低。

2. 升降调节器

汽车车窗升降调节器的常见类型有绳索式、交叉臂式，如图10-1-2所示。

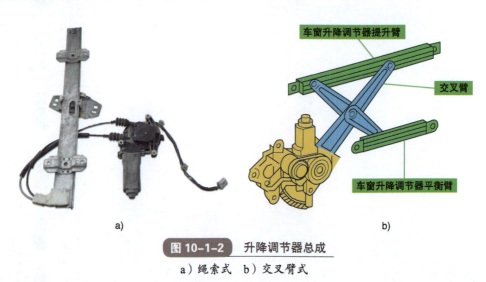

图 10-1-2 升降调节器总成
a）绳索式 b）交叉臂式

3. 控制开关

电动车窗控制开关分为主控开关（驾驶员侧）和分控开关（各乘客侧）。主控开关上的各车窗控制开关可控制相应车窗的升降，具有"Auto"功能的驾驶员侧车窗开关，还可实现该侧车窗的自动升降功能。车窗锁止开关可切断各分控开关的控制功能。分控开关只能控制对应的车窗的升降。

10.2 电动天窗系统

现在越来越多的中高档轿车都装备了电动天窗，汽车电动天窗是依靠汽车在行驶过程中气流在汽车顶部的快速流动，有效地使车内空气流通，增加新鲜空气进入，为车主带来健康、舒适的享受。电动天窗主要由导轨、滑动机构、天窗电动机、车身控制模块（BCM）等组成，如图 10-2-1 所示。

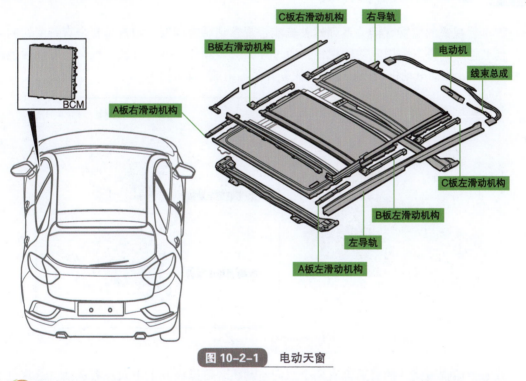

图 10-2-1　电动天窗

1. 天窗电动机

天窗电动机通过传动装置向天窗的开闭提供动力，能双向转动，即通过改变电流的方向可以改变电动机的旋转方向，实现天窗的开闭。

2. 控制开关

控制开关主要包括滑动开关和斜升开关。滑动开关有滑动打开、滑动关闭和断开（中间位置）3 个档位。斜升开关也有斜升、斜降和断开（中间位置）3 个档位。通过操作这些开关，可指令天窗驱动机构的电动机实现正反转，在不同状态下正常工作。

3. 限位开关

限位开关主要用来检测天窗所处的位置。限位开关靠凸轮转动来实现断开和闭合。凸轮安装在驱动机构的动力输出端。当电动机将动力输出时，通过驱动齿轮和滑动螺杆减速以后带动凸轮转动，于是凸轮周边的凸起部位触动开关使其开闭，以实现对天窗的自动控制。

4. 车身控制模块（BCM）

车身控制模块是一个数字控制电路，并设有定时器、蜂鸣器和继电器等，它的作用是接收开关输入的信息，通过数字电路进行逻辑运算，确定继电器的动作，控制天窗开闭。

10.3 电动后视镜系统

汽车后视镜的位置直接关系到驾驶员能否观察到后方情况，与汽车安全有着密切的关系。越来越多的轿车采用电动后视镜，通过开关进行调节，操作方便。汽车的电动后视镜一般由镜片、驱动电动机、控制电路及操纵开关等组成，如图10-3-1所示。

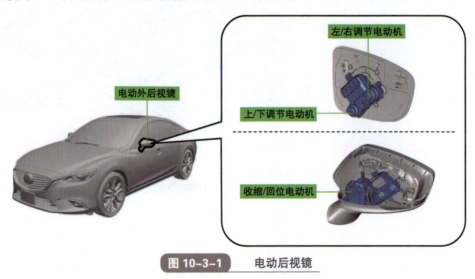

图 10-3-1　电动后视镜

在每个后视镜镜片的背后都有两个双向电动机，可操纵其上下及左右运动。通常上下方向的倾斜运动由上/下调节电动机控制，左右方向倾斜运动由左/右调节电动机控制。通过改变电动机的电流方向，即可完成后视镜的位置调整。有的电动机还具有伸缩/回位功能。

10.4 电动座椅系统

汽车座椅的主要功能是为驾驶员提供便于操作、舒适而安全的驾驶位置，为乘客提供不易疲劳、舒适而又安全的乘坐位置。电动座椅一般由电动机（包含前后调节电动机、高度调节电动机、倾角调节电动机）、调节开关、传动机构等组成，部分车型电动座椅还带有座椅加热及通风等功能，如图 10-4-1 所示。

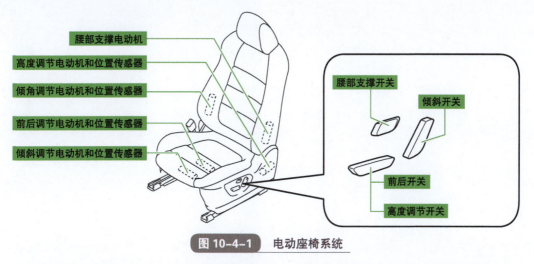

图 10-4-1　电动座椅系统

当按动某一按钮时，电流就由蓄电池出发，经过所操作的开关进入相应的电动机，最后到达接地点，电动机通入电流开始旋转，带动传动机构运动，进行调节；当驾驶员松开按钮后，调节动作终止。电动机的旋转运动通过传动机构改变座椅的空间位置。

1. 高度调整

高度调整机构由蜗杆轴、蜗轮、齿条、心轴等组成，调整时，蜗杆轴在电动机的驱动下带动蜗轮转动，从而保证心轴旋进或旋出，实现座椅的上升或下降。

2. 前后调整

纵向调整机构由蜗杆、蜗轮、齿条、导轨等组成，齿条装在导轨上。调整时，电动机转矩经蜗杆传至蜗轮，经导轨上的齿条，带动座椅向前或向后移动。

3. 倾角调节

靠背调整机构由 2 个调整齿轮与连杆组成。调整时，电动机带动两侧的调整齿轮转动，调整齿轮与连杆联动，通过连杆的动作可调整靠背倾角。

第 11 章 其他电器系统

Chapter 11

11.1	刮水器/洗涤器系统	216
11.2	中控门锁系统	218
11.3	防盗系统	220
11.4	组合仪表系统	221
11.5	音响系统	222
11.6	巡航控制系统	223
11.7	自适应巡航控制系统	225

11.1 刮水器/洗涤器系统

汽车刮水器/洗涤器系统是汽车的标准配置,主要用于清洗和刷除风窗玻璃上的雨水、雪和灰尘,以保证驾驶员的视觉效果。有的汽车前照灯也有刮水器/洗涤器系统,以保证雨雪天气尤其是夜间的行车安全。电动刮水器/洗涤器系统在汽车上的位置如图11-1-1所示。

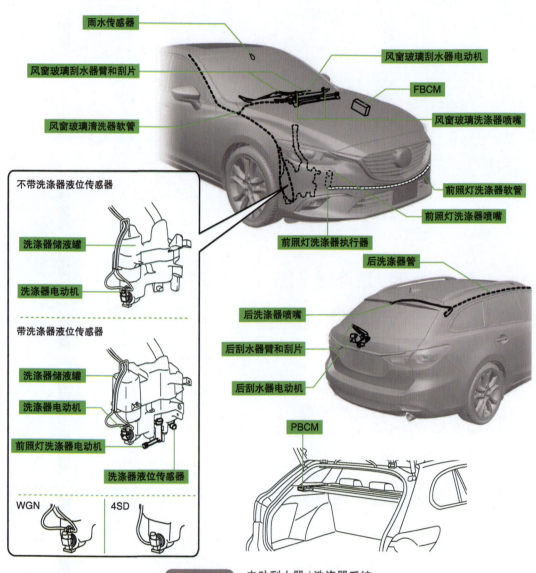

图11-1-1 电动刮水器/洗涤器系统

44. 汽车刮水器系统

1. 刮水器

电动刮水器的基本组成如图11-1-2所示,它一般安装在风窗玻璃的下部。刮水器电动机安装在底板上,刮水器连接杆连接刮水器片总成(由刮水器臂、刮水器片等组成)。

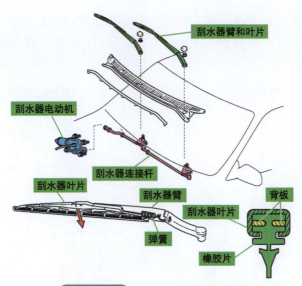

图 11-1-2　电动刮水器基本组成

当驾驶员按下刮水器的开关时，电动机起动，电动机的旋转运动经过蜗轮蜗杆的减速增矩作用，由轴端的蜗杆传给蜗轮，蜗轮上的偏心销钉与连杆连接，蜗轮转动时通过连杆使摆杆摆动，然后经连杆使刮水器臂带动刮水器片总成往复运动，从而实现对风窗玻璃的刮扫。

部分车型的刮水器加装有电子调速器，该调速器附带雨量感应功能，能根据雨量的大小自动调节刮水器臂的摆动速度，雨大时刮水器臂转得快，雨小时刮水器臂转得慢，雨停时刮水器臂也停止转动。奥迪 A6 汽车上使用的刮水器就具有根据雨量大小自动调节刮水器臂转动速度的功能。

2. 洗涤器

风窗玻璃洗涤装置的组成如图 11-1-3 所示，它主要由储液罐、洗涤泵、软管、喷嘴等组成。

洗涤泵一般由永磁直流电动机和离心叶片泵组装成为一体，喷射压力可达 70~88kPa。洗涤泵大多数直接安装在储液罐上，但也有安装在管路内的。洗涤泵喷嘴安装在风窗玻璃的下面，喷水直径一般为 0.8~1.0 mm，大多数车型的喷嘴方向可以根据使用情况进行调整，能够使洗涤液喷射在风窗玻璃的适当位置。

洗涤泵的连续工作时间不应超过 1min。对于刮水器和洗涤器分别控制的汽车，应先开启洗涤泵，再接通刮水器。喷水停止后，刮水器应继续刮动 3~5 次，以达到更好的清洁效果。

3. 开关

刮水器与洗涤器开关组合在一起，安装在方向盘右下方，参见图 11-1-3。刮水器和洗涤器开关操纵杆端部旋钮有 OFF（关闭）、INT（间歇）、LO（低速）、HI（高速）、ON（洗涤器洗涤操作）工作档位，当旋钮转到某档位时，刮水器便做相应的动作，将操纵杆向上抬时，洗涤泵工作，洗涤液喷出。

45. 刮水器的检查与更换

46. 刮水器电动机的检测

开关上各档代表不同的工作模式。其中，间歇控制档一般是通过电动机的复位开关触点，与电阻、电容的充放电功能使刮水器以一定周期进行刮扫，即每动作 1 次停止 2~12s，以此减少对驾驶员的干扰。

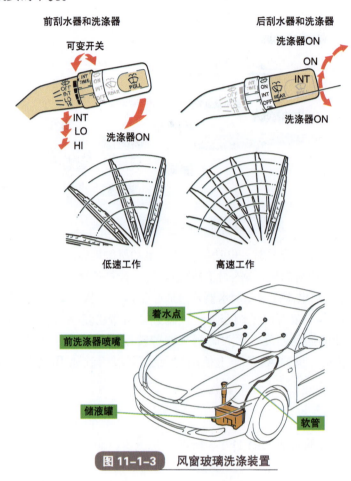

图 11-1-3　风窗玻璃洗涤装置

11.2 中控门锁系统

中控门锁系统是中央控制门锁系统的简称，主要由控制部分和执行部分组成，如图 11-2-1 所示。中控门锁系统是通过门锁控制开关和钥匙的操作控制电动机，同时控制所有车门关闭与开启的装置，其作用是增加汽车使用的方便性和安全性。

1. 中控门锁系统的组成

1）门锁控制开关。门锁控制开关一般安装在驾驶员侧前门内的扶手上，通过门锁控制开关可以同时锁上和打开所有的车门，如图 11-2-2 所示。

2）钥匙控制开关。钥匙控制开关装在左前门和右前门的外侧锁上（参见图 11-2-2）。当从车外用车门钥匙开门或锁门时，钥匙控制开关便发出开门或锁门信号给门锁控制 ECU，实现车门打开或锁止。

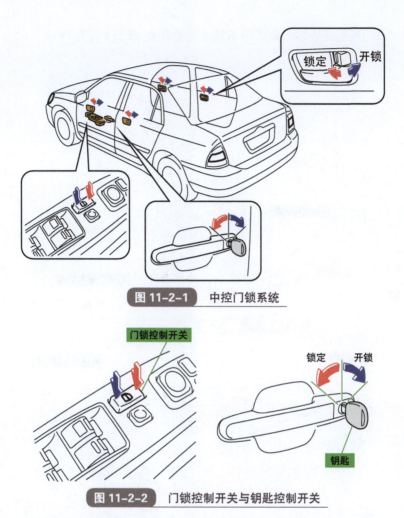

图 11-2-1　中控门锁系统

图 11-2-2　门锁控制开关与钥匙控制开关

3）门控开关。门控开关用来检测车门开闭的情况。车门打开时，门控开关接通；车门关闭时，门控开关断开。

4）门锁执行机构。中控门锁用电磁驱动方式进行门锁的开启与关闭。目前，门锁执行机构主要有电磁线圈式和直流电动机式。

电磁线圈式门锁执行机构采用双电磁线圈，在锁门时，给锁门电磁线圈加正向电流，衔铁带动连杆左移，扣住门锁舌片；在开门时，给开锁电磁线圈加反向电流，衔铁带动连杆左移，脱离门锁舌片。

直流电动机式执行器（如图 11-2-3 所示）的连杆由可逆转的直流电动机驱动，利用电动机的正转和反转完成锁门和开门的动作。

5）门锁连杆操纵机构。当门锁电动机（或其他执行机构）运转时，通过门锁连杆操纵门锁锁定或开启。

2. 遥控中控门锁系统

遥控中控门锁系统也称无钥匙进入系统，其作用是从远处锁止和解锁所有车门，为驾驶员提供便利，如图 11-2-4 所示。遥控中控门锁系统在普通中控门锁系统的基础上增加发射器（钥匙）、车门控制接收器、集成继电器（含有防盗ECU）等部件。

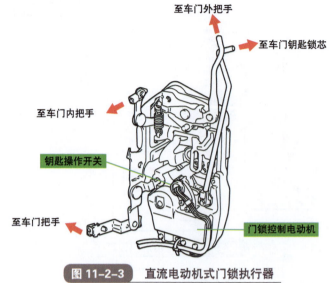

图 11-2-3　直流电动机式门锁执行器

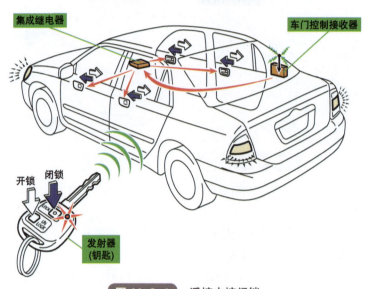

图 11-2-4　遥控中控门锁

　　遥控器有分开型和组合型两种。组合型遥控器的发射天线由钥匙板兼任。身份代码存储器中存储的身份代码，通过输出部分经由发射天线发射出去。车门控制接收器对接收的信号进行放大和调制后，发送给防盗ECU，防盗ECU检查身份代码是否相符，当代码一致时，确定继电器动作，控制相应执行器。

11.3　防盗系统

　　防盗系统和中控门锁系统让汽车的使用更加方便和安全，两者是既相互联系，又有区别的两个系统。防盗系统属于电控防盗系统，一般由防盗ECU、感应传感器、门控开关、车身 ECU 和钥匙未锁警告开关等组成，如图 11-3-1 所示。

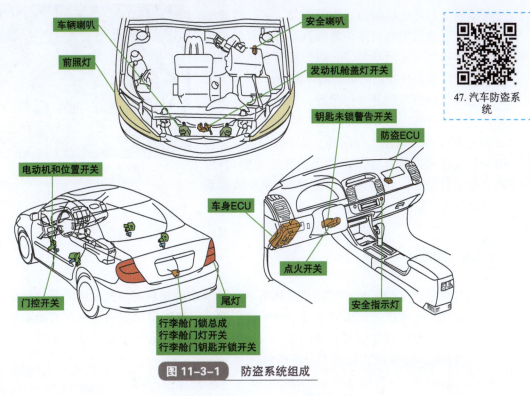

图 11-3-1　防盗系统组成

47. 汽车防盗系统

1. 防盗 ECU

防盗 ECU 是电控防盗系统的核心，它接收各种传感器如防盗传感器、车速传感器、各种门的开关信号，根据预先存储的数据和编制的程序，通过计算和判断，确定车门是否锁定和车辆是否非法移动、被盗，以便控制各执行器，从而使汽车处于报警状态。

2. 报警装置

防盗报警装置的作用是通过各种报警信号提示有人擅自侵入车内，可触发声音和视觉警报。它工作的前提是必须已启用防盗报警装置。报警装置通常采用喇叭鸣叫和灯光闪烁的方式报警，主要包括安全喇叭、车辆喇叭。

3. 信号收集装置

信号收集装置除了各种门的开关信号之外，还包括其他检测车辆状态的传感器，比如超声波传感器、车身高度传感器、玻璃破碎传感器等，用来检测车内是否有非法侵入、车辆发生振动或者倾斜、车窗玻璃被破坏等现象。

11.4　组合仪表系统

汽车组合仪表系统主要由各种仪表、指示灯、警告灯和相应传感器组成，如图 11-4-1

所示。在驾驶室仪表板上的各种指示仪表和指示灯，主要用来显示车速、油耗、机油压力、冷却液温度、发动机转速、油耗存量、累计行驶里程等，使驾驶员随时观察与掌握汽车各系统的工作状态。警告灯可显示异常情况以提醒驾驶员发现问题，保证行车安全和提高车辆的可靠性。

组合仪表接收到各个传感器、开关等传来的信号，点亮相应的指示灯，并对主车身 ECU、发动机 ECM 等控制单元输出工作信号。其中部分信号是与组合仪表总成直接连接的，如燃油表传感器信号、远光指示灯信号。还有部分信号是由 CAN 通信系统来进行传递的。

图 11-4-1　组合仪表

11.5　音响系统

随着电子技术的发展和驾驶员对视听享受的追求越来越高，汽车音响系统越来越受到人们的重视，已经成为评价轿车舒适性的指标之一。驾驶员可以通过汽车音响系统听到优美的音乐，也可接听驾驶所需要的交通信息和新闻。汽车音响系统主要由天线、主机、功率放大器和扬声器组成，如图 11-5-1 所示。

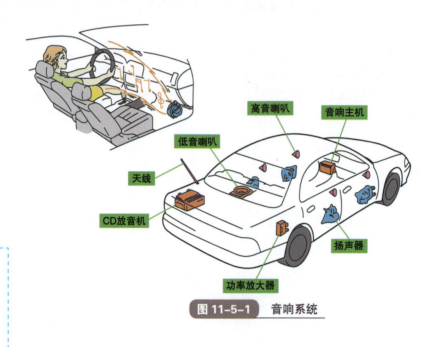

图 11-5-1　音响系统

48. 汽车仪表信息系统

1. 天线

天线的作用是接收广播电台发射的电波，并通过高频电缆传送给无线电调频装置。天线可分为在车身外伸出的金属式天线和装在车身玻璃上的天线。

2. 主机

主机也称信号源,是汽车多媒体系统的节目源,包括汽车收音机(调谐器)、激光唱机(CD 放音机)等。收音机是接收无线电装置,专门接收广播节目。激光唱机是将音乐信号或者图像信号进行记录的介质,所记录的信号可利用激光的光拾音作用进行非接触式读出。

3. 功率放大器

功率放大器的作用是将音频信号进行电压放大和功率放大,然后推动扬声器发出声音。按功能不同,汽车放大器可分为前置放大器、功率放大器和环绕声放大器等类型。

4. 扬声器

扬声器的主要功能是把音频信号还原成声音传达出来,是汽车音响系统的终端,决定乘员舱内的音响性能。扬声器的数量、口径和安装位置根据汽车舒适性的要求而定,为了能欣赏到立体声效果,车内至少需要安装两个扬声器。

11.6 巡航控制系统

巡航控制系统,简称 CCS(Cruise Control System),一般又称为定速巡航行驶装置、速度控制系统。它是一种利用电子控制技术保持汽车自动匀速行驶的系统。驾驶员可以通过操作调整开关进行车辆速度的调整与锁定,不用踩加速踏板就可自动保持固定车速行驶,可以有效减轻驾驶员在高速上长时间行驶的疲劳,同时还能节省燃油消耗。

1. 巡航控制系统的组成

巡航控制系统主要由传感器、巡航控制开关、控制器(ECU)及执行器等组成。典型的巡航控制系统组成如图 11-6-1 所示。

(1)巡航传感器

汽车在巡航行驶时,巡航控制 ECU 主要通过车速传感器和节气门位置传感器获得车速和节气门位置信号,进行车速稳定控制。

(2)取消巡航开关

在汽车制动、换档和停车时,巡航控制功能将自动取消。巡航控制 ECU 通过相应的开关取得、取消巡航设定信号。这些开关主要为停车灯开关、空档起动开关、离合器开关、驻车制动器开关。

(3)巡航控制开关

驾驶员可以通过操作巡航控制开关进行巡航系统的开闭,以及巡航车速的设定。巡航控制开关分为主开关和控制开关,如图 11-6-2 所示。

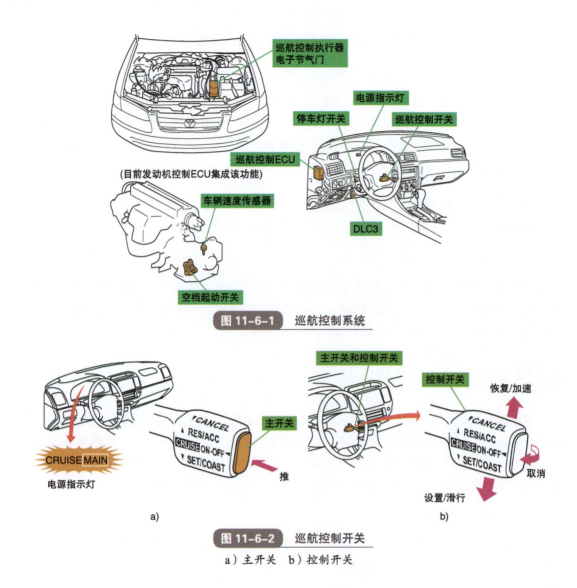

图 11-6-1 巡航控制系统

图 11-6-2 巡航控制开关
a）主开关　b）控制开关

主开关是巡航控制系统的主电源开关，通常采用按键方式，每按下一次，开关接通或关断。在主开关接通状态下关断点火开关，主开关也关断，再接通点火开关时，主开关仍保持关闭状态，需再按一下主开关才能接通巡航控制系统电源。

控制开关用于设定（SET）、滑行（COAST）、恢复（RES）、加速（ACC）、取消（CAN-CEL）等操作，一般处于组合开关内，位于方向盘下方的操纵手柄上，也有采用按钮的。

（4）执行器

执行器接收来至 ECU 的控制指令信号，以电动或气动的方式操纵节气门，调节节气门开度，使汽车加速、减速或定速行驶。电动式执行器用电动机来驱动节气门动作，气动式巡航控制执行器利用进气歧管真空度或真空泵产生的真空度作为操纵节气门的动力。

49. 巡航控制系统

2. 巡航控制系统的工作原理

巡航控制系统工作原理。驾驶员通过控制开关设定的车速被巡航控制 ECU 中的存储器记忆，ECU 将车速传感器反馈的实际车速与存储器中的设定车速进行比较。当两个车速存在误差时，ECU 就输出控制信号，通过驱动电路使节气门的执行器动作，调节发动机节气门开度，从而使汽车在设定的车速下稳定行驶。

11.7 自适应巡航控制系统

自适应巡航控制系统，简称 ACC（Adaptive Cruise Control），是一种智能化的自动控制系统，它是在传统的巡航控制技术基础上发展而来的。自适应巡航控制系统与传统的车速巡航控制系统相比，在功能上有较大的扩展。

1. 基本原理

通过车距传感器的反馈信号，ACC 控制单元可以根据靠近车辆物体的移动速度判断道路情况，并控制车辆的行驶状态；通过反馈式加速踏板感知驾驶员施加在踏板上的力，ACC 控制单元可以决定是否执行巡航控制，以减轻驾驶员的疲劳。

自适应巡航控制系统一般在车速大于 25 km/h 时才会起作用，而当车速降低到 25 km/h 以下时，就需要驾驶员进行人工控制。通过系统软件的升级，自适应巡航控制系统可以实现"停车/起步"功能，以应对在城市中行驶时频繁的停车和起步情况。自适应巡航控制系统的这种扩展功能，可以使汽车在非常低的车速时也能与前车保持设定的距离。当前方车辆起步后，自适应巡航控制系统会提醒驾驶员，驾驶员通过踩加速踏板或按下按钮发出信号，车辆就可以起步行驶。

自适应巡航控制系统使车辆的编队行驶更加轻松。ACC 控制单元可以设定自动跟踪的车辆，当本车跟随前车行驶时，ACC 控制单元可以将车速调整为与前车相同，同时保持稳定的车距，而且这个距离可以通过方向盘附近的控制杆上的设置按钮进行选择。

自适应巡航控制系统主要由转向角传感器、车距调节控制单元、信息电子控制单元、摄像头控制单元、图像处理控制单元等组成，如图 11-7-1 所示。

2. 车距调节控制单元

车距调节控制单元是含雷达发生器与信号处理等的雷达传感器总成部件，如图 11-7-2 所示。它的作用是接收分析处理雷达信息，再通过车载网络系统将该信息传递给发动机控制单元、自动变速器控制单元、ABS 控制单元等，从而通过改变发动机功率、变速器档位或施加制动以控制车距。

雷达是利用电磁波探测目标的电子设备。雷达发射电磁波对目标进行照射，并接收和处理回波信号，由此获得目标至电磁波发射点的距离、距离变化率（径向速度）、方位、高度等信息。

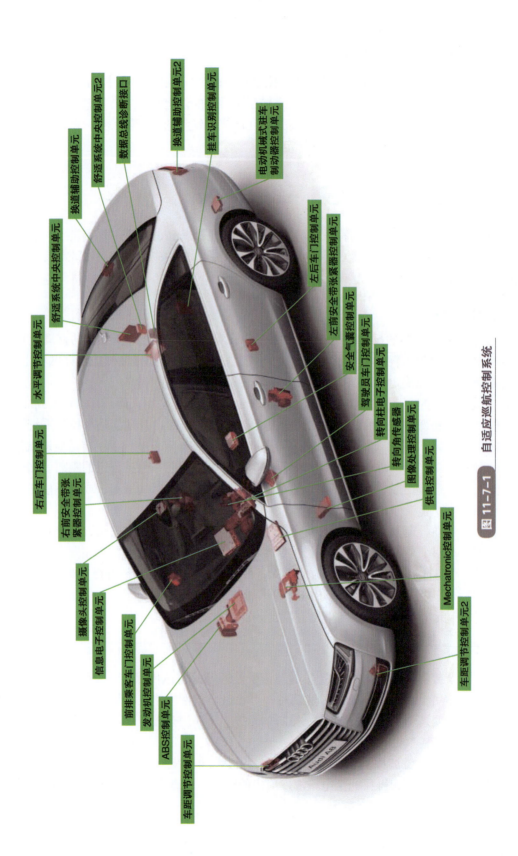

图11-7-1 自适应巡航控制系统

图 11-7-2　车距调节控制单元

3. 工作原理

在车辆行驶过程中，安装在车辆前部的车距传感器（雷达）持续扫描车辆前方道路，同时轮速传感器采集车速信号。当与前车之间的距离过小时，控制单元可以通过与防抱死制动系统、发动机控制系统协调动作，使车轮适当制动，并使发动机的输出功率下降，以使车辆与前方车辆始终保持安全距离。自适应巡航控制系统在控制车辆制动时，通常会将制动减速度限制在不影响舒适的程度，当需要更大的减速度时，控制单元会发出声光信号通知驾驶员主动采取制动操作。当与前车之间的距离增加到安全距离时，控制单元控制车辆按照设定的车速行驶。